새로운 도서,
다양한 자료
동양북스
홈페이지에서
만나보세요!

www.dongyangbooks.com
m.dongyangbooks.com

홈페이지 도서 자료실에서 학습자료 및 MP3 무료 다운로드

PC

❶ 홈페이지 접속 후 도서 자료실 클릭
❷ 하단 검색 창에 검색어 입력
❸ MP3, 정답과 해설, 부가자료 등 첨부파일 다운로드
 * 원하는 자료가 없는 경우 '요청하기' 클릭!

MOBILE

 * 반드시 '인터넷, Safari, Chrome' App을 이용하여 홈페이지에 접속해주세요. (네이버,
 다음 App 이용 시 첨부파일의 확장자명이 변경되어 저장되는 오류가 발생할 수 있습니다.)

❶ 홈페이지 접속 후 ☰ 터치

❷ 도서 자료실 터치

❸ 하단 검색창에 검색어 입력
❹ MP3, 정답과 해설, 부가자료 등 첨부파일 다운로드
 * 압축 해제 방법은 '다운로드 Tip' 참고

미래와 통하는 책

가장 쉬운 독학
일본어 첫걸음
14,000원

버전업! 굿모닝
독학 일본어 첫걸음
14,500원

일단 합격하고 오겠습니다
JLPT 일본어능력시험 N3
26,000원

일본어 100문장 암기하고
왕초보 탈출하기
13,500원

가장 쉬운 독학
중국어 첫걸음
14,000원

가장 쉬운 중국어
첫걸음의 모든 것
14,500원

일단 합격 新HSK
한 권이면 끝! 4급
24,000원

중국어
지금 시작해
14,500원

영어를 해석하지 않고
읽는 법
15,500원

미국식
영작문 수업
14,500원

세상에서 제일 쉬운
10문장 영어회화
13,500원

영어회화
순간패턴 200
14,500원

가장 쉬운 독학
베트남어 첫걸음
15,000원

가장 쉬운 독학
프랑스어 첫걸음
16,500원

가장 쉬운 독학
스페인어 첫걸음
15,000원

가장 쉬운 독학
독일어 첫걸음
17,000원

동양북스 베스트 도서

THE
GOAL 1
22,000원

인스타
브레인
15,000원

직장인, 100만 원으로
주식투자 하기
17,500원

당신의 어린 시절이
울고 있다
13,800원

놀면서 스마트해지는 두뇌 자극
플레이북 딴짓거리 EASY
12,500원

죽기 전까지
병원 갈 일 없는 스트레칭
13,500원

가장 쉬운 독학
이세돌 바둑 첫걸음
16,500원

누가 봐도 괜찮은 손글씨 쓰는
법을 하나씩 하나씩 알기 쉽게
13,500원

가장 쉬운 초등 필수 파닉스
하루 한 장의 기적
14,000원

가장 쉬운 알파벳 쓰기
하루 한 장의 기적
12,000원

가장 쉬운 영어 발음기호
하루 한 장의 기적
12,500원

가장 쉬운 초등한자 따라쓰기
하루 한 장의 기적
9,500원

세상에서 제일 쉬운
엄마표 생활영어
12,500원

세상에서 제일 쉬운
엄마표 영어놀이
13,500원

창의쑥쑥 환이맘의
엄마표 놀이육아
14,500원

 동양북스
www.dongyangbooks.com
m.dongyangbooks.com

가장 쉬운 독학
베트남어 현지회화

지은이 **김효정**

동양북스

가장 쉬운 독학
베트남어 현지회화

초판 인쇄 | 2021년 1월 25일
초판 발행 | 2021년 1월 30일

지은이 | 김효정
발행인 | 김태웅
기획 편집 | 김현아, 안현진, 이지혜
마케팅 | 나재승
제 작 | 현대순

발행처 | (주)동양북스
등 록 | 제 2014-000055호
주 소 | 서울시 마포구 동교로22길 14 (04030)
구입 문의 | 전화 (02)337-1737 팩스 (02)334-6624
내용 문의 | 전화 (02)337-1763 dybooks2@gmail.com

ISBN 979-11-5768-678-0 13730

이 도서의 국립중앙도서관 출판예정도서목록(CIP)은 서지정보유통지원시스템 홈페이지(http://seoji.nl.go.kr)와
국가자료종합목록 구축시스템(http://kolis-net.nl.go.kr)에서 이용하실 수 있습니다.
(CIP제어번호 : CIP2020052536)

머리말

오랜 기간 동안 베트남어 강의를 해 오면서 기존에 출간되어 있는 베트남어 입문서를 보며 아쉬웠던 점들이 있었습니다. 첫 번째, 베트남어 언어 자체만을 위한 교재는 많아도 베트남이라는 나라에 대한 정보까지 함께 학습할 수 있는 교재는 없다는 점. 두 번째, 대부분의 입문서 목차가 '이름', '국적', '직업', '가족'… 이와 같은 순서로 획일적인 내용으로 구성이 되어 있다는 점이 참으로 아쉬웠습니다.

이제는 바뀌어야 합니다. 아무리 베트남어를 잘해도 베트남 현지 상황과 문화, 정보에 대해 잘 모른다면 베트남 사람과 실제 대화를 할 때 과연 원활한 소통과 교류가 가능할까요? 베트남이 기회의 나라가 된 만큼 베트남어뿐만 아니라 베트남과 관련된 정보, 문화, 상식을 습득하고 제대로 배워야 현지 회화에 유리해질 수 있습니다.

본 교재를 집필하면서 필자의 목표는 단 하나, 바로 '베트남어 **입문자, 초보자들을 위한 베트남어 교재의 〔결정판〕**을 만들자'라는 것이었습니다. 따라서 필자는 다음과 같은 부분에 중점을 두었습니다.

1. 입문자가 베트남어 〈발음-자음〉, 〈발음-모음〉, 〈6성조〉, 〈인칭〉, 〈숫자〉를 충분히 듣고 여러 번 연습할 수 있도록 구성했습니다.
2. 각 과의 〈회화〉는 2개의 내용으로 꼭 알아야 하는 베트남 문화/정보/상식과 관련된 주제로 선별하여 재미있고 쉽게 학습할 수 있도록 구성했습니다.
3. 〈말하기〉, 〈듣기〉, 〈문법〉, 〈쓰기〉 파트를 세분화하여 베트남어 초보자들이 베트남어 기초를 탄탄히 쌓고 응용, 활용할 수 있도록 종합적으로 구성했습니다.
4. 〈시험에 유용한 베트남어〉 Q&A를 통해 현지 회화뿐만 아니라 베트남어 시험에도 대비할 수 있게 했습니다.(이름, 국적, 가족 소개, 취미, 시간, 날짜 등 기초 표현 총망라)
5. 베트남어 〈필수 단어 1000개〉를 다양한 주제에 맞게 선별하여 베트남어 실력 향상에 중요한 어휘 학습도 함께 할 수 있게끔 구성했습니다.

이처럼 제가 가진 오랜 강의 경력의 노하우를 이 교재 한 권에 다 담아냈습니다. 말하기, 듣기, 문법, 쓰기, 읽기부터 어휘, 그리고 베트남 문화와 시험 대비까지 이 교재 한권이 베트남과 베트남에 관심이 있는 학습자들에게 더욱 유용하게 활용되기를 바라며 여러분들이 원하고자 하는 목표를 위해 베트남어가, 그리고 이 교재가 도움이 될 수 있기를 진심으로 바랍니다.

저자 김효정

차례

학습목표 &
단어 미리보기

본문에 들어가기 전, 단원별
학습목표와 본문 단어를
미리 공부해 보세요.

회화

2개의 회화문으로 상황별,
주제별 핵심 문장을 듣고,
따라 읽으며 익혀 보세요.

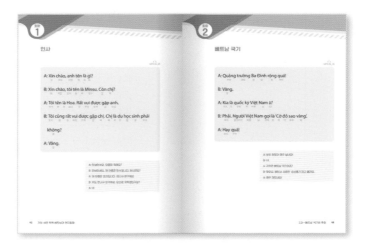

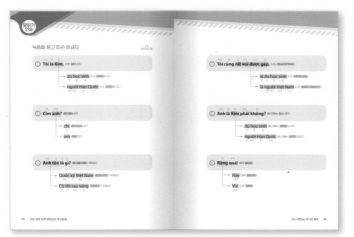

말하기 연습

패턴 형식의 말하기 연습을
반복하면서 베트남어 회화
실력을 키워 보세요.

듣기 연습

베트남어 듣기 능력을
향상시키는 파트입니다.
문제를 잘 듣고
풀어 보세요.

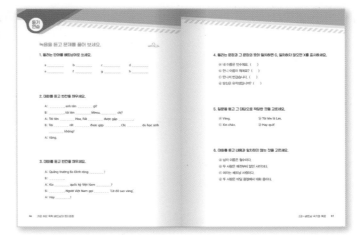

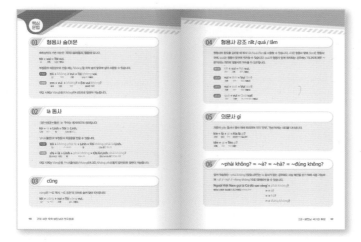

핵심 문법

단원별 핵심 문법을
정리했습니다.
꼭 알아 두어야 하는
베트남어 문법입니다.

쓰기 연습 & 단어 써보기

베트남어를 직접 쓰면서
공부하면 빠르게
익숙해질 수 있습니다.

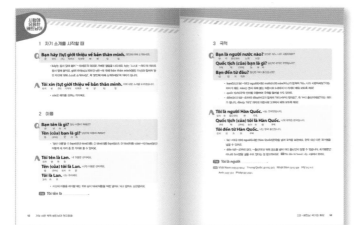

시험에 유용한 베트남어

베트남어 문장으로 구성된
질문과 답변으로
필수 표현을 배워 보세요.

문화 엿보기 & 주제토론

베트남 현지에서 생활하며
알아 두면 좋은 베트남
문화에 대해 공부해 보세요.

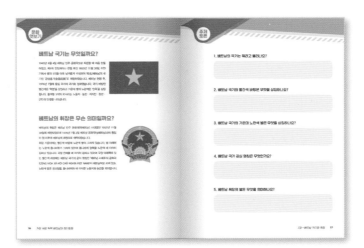

별책부록

보너스 어휘노트

베트남어 단어 1,000개 이상을 주제별로 정리했습니다.
가볍게 가지고 다니면서 베트남어 단어를 공부해 보세요.

MP3 음원

베트남 원어민이 녹음한 MP3 음원을 무료로 제공합니다.
회화, 말하기 연습, 듣기 연습 파트가 녹음되어 있습니다.

MP3 다운로드

동양북스 홈페이지 (www.dongyangbooks.com) 도서 자료실에서 '베트남어' 검색 학습한 날짜와 진도를 적으면서 계획적으로 공부해 보세요.
이 표는 30일 완성으로 2회독 할 수 있게 만들어져 있습니다.

제1과	제1과	제1과	제2과	제2과	제2과

제3과	제3과	제3과	제4과	제4과	제4과

제5과	제5과	제5과	제6과	제6과	제6과

제7과	제7과	제7과	제8과	제8과	제8과

제9과	제9과	제9과	제10과	제10과	제10과

제1과	제1과	제1과	제2과	제2과	제2과
제3과	제3과	제3과	제4과	제4과	제4과
제5과	제5과	제5과	제6과	제6과	제6과
제7과	제7과	제7과	제8과	제8과	제8과
제9과	제9과	제9과	제10과	제10과	제10과

베트남어
알파벳과 발음

학습 목표

· 모음,자음의 발음과 6성조 학습하기
· 인칭/숫자 학습하기

□ 하노이(Hà Nội) 호안끼엠 호수(Hồ Hoàn Kiếm)

단어 미리 보기

ăn 먹다   sân 마당   say 취한   hoa 꽃   bia 맥주   mua 사다   mưa 비   ba 아빠/숫자 3   quê 고향   ra 나가다
ghi 적다   khô 건조한   to 큰   thư 편지   thi 시험/시험보다   em trai 남동생   đi chơi 놀러가다   vui vẻ 즐거운, 기쁜
siêu thị 마트   sức khỏe 건강   ví dụ 예시   cà phê 커피   nhà hàng 식당   mãi mãi 영원히

베트남어는 총 29개의 문자로 구성되어 있으며 문장의 첫 글자인 경우와 고유
명사인 경우에 대문자를 사용합니다. 아래 표는 실제 대화 시 사용하는 발음이
아닌 문자의 명칭이므로 15쪽의 발음을 중심으로 학습해야 합니다.

MP3 01_01

A(a): 아[a]	H(h): 핟[hát]	Q(q): 꾸이[qui]
Ă(ă): 아[á]	I(i): 이 응안[i ngắn]	R(r): 애 러[e-rờ]
Â(â): 어[ớ]	K(k): 까[ca]	S(s): 앧 씨[ét-xì]
B(b): 베[bê]	L(l): 앨 러[e-lờ]	T(t): 떼[tê]
C(c): 쎄[xê]	M(m): 앰 머[em-mờ]	U(u): 우[u]
D(d): 제[dê]	N(n): 앤 너[en-nờ]	Ư(ư): 으[ư]
Đ(đ): 데[đê]	O(o): 어[o]	V(v): 베[vê]
E(e): 애[e]	Ô(ô): 오[ô]	X(x): 익 씨[ích xì]
Ê(ê): 에[ê]	Ơ(ơ): 어[ơ]	Y(y): 이 자이[i dài]
G(g): 제[giê]	P(p): 뻬[pê]	

모음

MP3 01_02

1) 단모음

*ví dụ[비 주]는 '예시'라는 의미로 본 책에서 VD로 줄여 사용합니다.

a	(긴) 아	우리말의 [아] 발음이다. **VD** an [안], san [싼]
ă	(짧은) 아	우리말의 [아] 발음보다 짧게 발음하며 끝자음과 결합한다. **VD** ăn [안], săn [싼]
â	(짧은) 어	우리말의 [어] 발음이며 짧게 끊듯이 발음한다. **VD** ân [언], sân [썬]
e	애	우리말의 [애] 발음이며 약간 입을 옆으로 넓게 벌린다. **VD** em [앰], me [매]
ê	에	우리말의 [에] 발음이며 약간 입을 위 아래로 넓게 벌린다. **VD** êm [엠], mê [메]
i	(짧은) 이	우리말의 [이] 발음이며 짧게 발음한다. **VD** sai [싸이], mai [마이]
y	(긴) 이	우리말의 [이] 발음이며 길게 발음한다. **VD** say [싸이], may [마이]
o	어+(오)	우리말의 없는 발음으로 [어]에 가까우며 앞뒤에 a, e 모음이 붙는 경우 [오]와 가깝게 발음한다. **VD** ho [허], hoa [호아]
ô	오	우리말의 [오] 발음이다. **VD** hô [호], bô [보]
ơ	(긴) 어	우리말의 [어] 발음이며 목에 힘을 약간 준 채로 길게 발음한다. **VD** hơ [허], bơ [버]
u	우	우리말의 [우]로 발음한다. **VD** hu [후], mu [무]
ư	으	우리말의 [으]로 발음한다. **VD** hư [흐], mư [므]

1. 다음 발음을 듣고 따라 읽으세요.

MP3 01_03

*발음 연습으로 베트남어에 없는 단어도 있습니다.

+	a	ă	â	e	ê	i/y	o	ô	ơ	u	ư
b	ba	bă	bâ	be	bê	by	bo	bô	bơ	bu	bư
v	va	vă	vâ	ve	vê	vi	vo	vô	vơ	vu	vư
h	ha	hă	hâ	he	hê	hi	ho	hô	hơ	hu	hư
l	la	lă	lâ	le	lê	li	lo	lô	lơ	lu	lư
m	ma	mă	mâ	me	mê	mi	mo	mô	mơ	mu	mư
n	na	nă	nâ	ne	nê	ni	no	nô	nơ	nu	nư
s	sa	să	sâ	se	sê	si	so	sô	sơ	su	sư
x	xa	xă	xâ	xe	xê	xi	xo	xô	xơ	xu	xư

2. 녹음을 듣고, 발음이 맞는 것에는 O, 틀린 것에는 X 표시를 하세요.

① su (　　) ② mô (　　) ③ nư (　　)

④ ha (　　) ⑤ ba (　　) ⑥ hư (　　)

⑦ lu (　　) ⑧ xi (　　) ⑨ my (　　)

⑩ hơ (　　) ⑪ no (　　) ⑫ lô (　　)

3. 녹음을 듣고 빈칸에 들어갈 모음을 채워 넣으세요.

① s_____ ② x_____ ③ b_____

④ l_____ ⑤ m_____ ⑥ x_____

⑦ s_____ ⑧ h_____ ⑨ n_____

베트남어는 북부, 중부, 남부에 따라 발음, 성조, 어휘에 차이가 있습니다. 베트남에서는 수도인 북부 하노이 중심으로 한 언어를 표준어로 여기고 있으므로 본 도서에서 북부 발음으로 표기합니다. (북부 발음을 남부에서 사용한다고 해서 의사소통에 문제가 되진 않습니다.)

MP3 01_04

1) 복모음

iê	이에	우리말의 [이에] 발음이다. VD siê [씨에], miê [미에]
uye	우이애	우리말의 [우이애] 발음이다. VD huye [후이애], luye [루이애]
uyê	우이에	우리말의 [우이에] 발음이다. VD huyê [후이에], luyê [루이에]
ươ	으어	우리말의 [으어] 발음이다. VD nươ [느어], mươ [므어]
uô	우오	우리말의 [우오] 발음이다. VD vuô [부오], muô [무오]
ia	이어	우리말의 [이어] 발음이며 남부에서는 [이아]로 발음한다. VD bia [비어], mia [미어]
ua	우어	우리말의 [우어] 발음이며 남부에서는 [우아]로 발음한다. VD mua [무어], vua [부어]
ưa	으어	우리말의 [으어] 발음이며 남부에서는 [으아]로 발음한다. VD mưa [므어], nưa [느어]

1. 다음 발음을 듣고 따라 읽으세요.

MP3 01_05

*발음 연습으로 베트남어에 없는 단어도 있습니다.

+	iê	uye	uyê	ươ	uô	ia	ua	ưa
b	biê	buye	buyê	bươ	buô	bia	bua	bưa
v	viê	vuye	vuyê	vươ	vuô	via	vua	vưa
h	hiê	huye	huyê	hươ	huô	hia	hua	hưa
l	liê	luye	luyê	lươ	luô	lia	lua	lưa
m	miê	muye	muyê	mươ	muô	mia	mua	mưa
n	niê	nuye	nuyê	nươ	nuô	nia	nua	nưa
s	siê	suye	suyê	sươ	suô	sia	sua	sưa
x	xiê	xuye	xuyê	xươ	xuô	xia	xua	xưa

2. 녹음을 듣고 발음이 맞는 것에는 O, 틀린 것에는 X 표시를 하세요.

① siê (   )   ② mươ (   )   ③ nươ (   )

④ boa (   )   ⑤ sua (   )   ⑥ xuyê (   )

⑦ mia (   )   ⑧ huô (   )   ⑨ vưa (   )

⑩ suye (   )   ⑪ nia (   )   ⑫ lươ (   )

3. 녹음을 듣고 빈칸에 들어갈 복모음을 채워 넣으세요.

① s_____   ② x_____   ③ b_____

④ l_____   ⑤ m_____   ⑥ x_____

⑦ s_____   ⑧ h_____   ⑨ n_____

자음

🎧 MP3 01_06

1) 첫자음1

b	ㅂ	우리말의 [ㅂ] 발음으로 입술끼리 부딪혀 소리낸다. **VD** ba [바], bă [바]
v	ㅂ(v)	[ㅂ] 발음에 가깝지만 영어의 v와 같이 윗니를 아랫입술에 살짝 댄 마찰음 소리가 난다. **VD** vu [부], vư [브]
s	ㅆ	우리말의 [ㅆ] 발음이다. 남부에서는 [시] 소리로 나는 경향이 있다. **VD** se [쌔], sê [쎄]
x		우리말의 [ㅆ] 발음이다. **VD** xi [씨], xy [씨]
h	ㅎ	우리말의 [ㅎ] 발음이다. **VD** hâ [허], hơ [허]
m	ㅁ	우리말의 [ㅁ] 발음이다. **VD** mô [모], mo [머]
n	ㄴ	우리말의 [ㄴ] 발음이다. **VD** nua [누어], nưa [느어]
l	ㄹ	우리말의 [ㄹ] 발음이다. **VD** lu [루], lư [르]

1. 다음 발음을 듣고 따라 읽으세요.

MP3 01_07

*발음 연습으로 베트남어에 없는 단어도 있습니다.

+	a	ê	ô	u	ư	ia	ua	ưa
b	ba	bê	bô	bu	bư	bia	bua	bưa
v	va	vê	vô	vu	vư	via	vua	vưa
h	ha	hê	hô	hu	hư	hia	hua	hưa
l	la	lê	lô	lu	lư	lia	lua	lưa
m	ma	mê	mô	mu	mư	mia	mua	mưa
n	na	nê	nô	nu	nư	nia	nua	nưa
s	sa	sê	sô	su	sư	sia	sua	sưa
x	xa	xê	xô	xu	xư	xia	xua	xưa

2. 녹음을 듣고 발음이 맞는 것에는 O, 틀린 것에는 X 표시를 하세요.

① ma （　　） ② lu （　　） ③ hơ （　　）

④ bê （　　） ⑤ vi （　　） ⑥ no （　　）

⑦ lươi （　　） ⑧ hưa （　　） ⑨ mia （　　）

⑩ xoa （　　） ⑪ vươ （　　） ⑫ xưa （　　）

3. 녹음을 듣고 빈칸에 들어갈 자음을 채워 넣으세요.

① _____a ② _____o ③ _____u

④ _____ư ⑤ _____ia ⑥ _____ô

⑦ _____ơ ⑧ _____e ⑨ _____ê

자음

MP3 01_08

2) 첫자음2

c	ㄲ	[ㄲ] 발음과 비슷하나 약간 짧게 발음한다. **VD** ca [까], cô [꼬] **VD** kê [께], ky [끼]
k		
qu	꾸	[꾸] 발음이며 qu가 하나의 자음이기 때문에 qua는 [꾸어]가 아닌 [꾸아] 로 발음한다. **VD** quy [꾸이], quê [꾸에]
đ	ㄷ	[ㄷ] 발음이지만 목에 힘을 주어 발음한다. **VD** đi [디], đu [두]
d	ㅈ(z)	영어 z와 같이 혀끝을 윗잇몸에 대어 소리 낸다. 남부에서는 y[이]로 발 음한다. **VD** du [즈], dô [조]
r	ㅈ(z)	영어 z와 같이 혀끝을 윗잇몸에 대어 소리 낸다. 남부에서는 r[ㄹ]로 발 음한다. **VD** ra [자], rơ [저]
gi	지(zi)	[지] 발음이며 d, r과 마찬가지로 영어 z와 같이 혀끝을 윗잇몸에 대어 소리 낸다. Gi가 하나의 자음이기 때문에 gia는 [지어]가 아닌 [지아]로 발음한다. 남부에서는 [이]로 발음하는 경향이 있다. **VD** giư [지으], giê [지에]
g	ㄱ	[ㄱ] 발음이지만 목에 힘을 주어 발음한다. **VD** ga [가], gô [고]
gh	ㄱ	[ㄱ] 발음이지만 목에 힘을 주어 발음한다. g와 발음은 같지만 뒤에 오는 모음이 e, ê, i만 올 수 있다. **VD** ghi [기], ghê [게]
kh	ㅋ	우리말의 [ㅋ] 발음이지만 목에 힘을 주어 발음한다. **VD** khu [쿠], khô [코]
t	ㄸ	[ㄸ] 발음이지만 우리말보다는 짧고 약하게 발음한다. **VD** to [떠], ta [따]

th	ㅌ	우리말의 [ㅌ] 발음이다. **VD** thư [트], thi [티]
tr	ㅉ	[ㅉ] 발음이지만 우리말보다는 짧고 약하게 발음한다. **VD** tri [찌], tre [째]
ch	ㅉ	[ㅉ] 발음이지만 우리말보다는 짧고 약하게 발음한다. 남부에서는 혀가 말리는 소리가 나는 경향이 있다. **VD** chu [쭈], chơ [쩌]
nh	니	우리말의 [니] 발음이다. **VD** nha [니아], như [니으]
ng	응	[응] 발음이다. **VD** nga [응아], ngô [응오]
ngh	응	[응] 발음이다. ng와 발음은 같지만 뒤에 오는 모음이 e, ê, i만 올 수 있다. **VD** nghi [응이], nghê [응에]
p	ㅃ	[ㅃ] 발음이나 앞 자음으로 오는 경우는 외래어를 제외하고는 거의 없다. **VD** pin [삔]
ph	ㅍ(f)	[ㅍ] 발음이지만 영어의 f처럼 윗니로 아랫입술을 물어서 발음해야 한다. **VD** phô [포], pha [파]

발음 연습

1. 다음 발음을 듣고 따라 읽으세요.

MP3 01_09

* 발음 연습으로 베트남어에 없는 단어도 있습니다.

	a	ă	â	e	ê	i/y	o	ô	ơ	u	ư
c	ca	că	câ				co	cô	cơ	cu	cư
k				ke	kê	ki/ky					
qu	qua	quă	quâ	que	quê	quy	quo	quô			
đ	đa	đă	đâ	đe	đê	đi	đo	đô	đơ	đu	đư
d	da	dă	dâ	de	dê	di	do	dô	dơ	du	dư
r	ra	ră	râ	re	rê	ri	ro	rô	rơ	ru	rư
gi						gi					
g	ga	gă	gâ				go	gô	gơ	gu	gư
gh				ghe	ghê	ghi					
kh	kha	khă	khâ	khe	khê	khi	kho	khô	khơ	khu	khư
t	ta	tă	tâ	te	tê	ti	to	tô	tơ	tu	tư
th	tha		thâ	the	thê	thi	tho	thô	thơ	thu	thư
tr	tra	tră	trâ	tre	trê	tri	tro	trô	trơ	tru	trư
ch	cha	chă	châ	che	chê	chi	cho	chô	chơ	chu	chư
nh	nha	nhă	nhâ	nhe	nhê	nhi	nho	nhô	nhơ	nhu	như
ng	nga	ngă	ngâ				ngo	ngô	ngơ	ngu	ngư
ngh				nghe	nghê	nghi					
ph	pha	phă	phâ	phe	phê	phi	pho	phô	phơ	phu	phư

2. 녹음을 듣고 발음이 맞는 것에는 O, 틀린 것에는 X 표시를 하세요.

① cơ (　　) ② quy (　　) ③ dô (　　)

④ đư (　　) ⑤ nhe (　　) ⑥ giê (　　)

⑦ ngư (　　) ⑧ to (　　) ⑨ thuê (　　)

⑩ kha (　　) ⑪ phi (　　) ⑫ chư (　　)

3. 녹음을 듣고 빈칸에 들어갈 자음을 채워 넣으세요.

① ＿＿ô ② ＿＿ơ ③ ＿＿ư

④ ＿＿uê ⑤ ＿＿ia ⑥ ＿＿uyên

⑦ ＿＿ua ⑧ ＿＿ưa ⑨ ＿＿ân

자음

MP3 01_10

끝자음(받침)

-m	—ㅁ	[ㅁ] 발음 받침이다. VD cum [꿈], đâm [덤]
-n	—ㄴ	[ㄴ] 발음 받침이다. VD vươn [브언], ren [잰]
-p	—ㅂ	[ㅂ] 발음 받침이다. VD bếp [벱], hộp [홉]
-t	—ㄷ	[ㄷ] 발음 받침이다. VD tât [떧], mat [맏]
-ch	—익	[익] 발음 받침이다. 단, 남부에서는 [ㄱ] 발음 받침이다. VD cach [까익], khach [카익]
-nh	—잉	[잉] 발음 받침이다. 단, 남부에서는 [ㄴ] 발음 받침이다. VD anh [아잉], binh [비잉]
-c	—ㄱ	[ㄱ] 발음 받침이다. VD cac [깍], chac [짝] 단, 자음＋o/ô/u＋c일 경우 마지막 입 모양을 다물며 발음한다. (다무는 발음일 경우 본 책에서는 'ㅂ' 받침으로 표기) VD hoc [헙], truc [쭙]
-ng	—ㅇ	[ㅇ] 발음 받침이다. VD tang [땅], chưng [쯩] 단, 자음 ＋o/ô/u＋ng일 경우 마지막 입 모양을 다물며 발음한다. (다무는 발음일 경우 본 책에서는 'ㅁ' 받침으로 표기) VD dung [줌], mong [멈]

1. 다음 발음을 듣고 따라 읽으세요.

MP3 01_11

*발음 연습으로 베트남어에 없는 단어도 있습니다.

+	-c	-p	-t	-m	-n	-ng	-nh	-ch
ca	cac	cap	cat	cam	can	cang	canh	cach
kha	khac	khap	khat	kham	khan	khang	khanh	khach
la	lac	lap	lat	lam	lan	lang	lanh	lach
ba	bac	bap	bat	bam	ban	bang	banh	bach

+	-c	-ng
ho	hoc	hong
khô		không
kho	khoc	
tru	truc	trung
uô	uôc	uông

*예외

2. 녹음을 듣고 발음이 맞는 것에는 O, 틀린 것에는 X 표시를 하세요.

① tim   (   )   ② khap   (   )   ③ chanh (   )

④ nhanh (   )   ⑤ kiên   (   )   ⑥ thuôc (   )

⑦ nươc   (   )   ⑧ chông   (   )   ⑨ bưc   (   )

⑩ nhưng (   )   ⑪ sach   (   )   ⑫ bac   (   )

3. 녹음을 듣고 빈칸에 들어갈 자음을 채워 넣으세요.

① ca____

② mi____

③ vu____

④ ma____

⑤ bo____

⑥ tu____

⑦ khô____

⑧ cha____

⑨ uô____

MP3 01_12

성조 이름	음 특징	성조 부호	뜻
Thanh không dấu [타잉 콤 저우]	평평한 '솔' 음	ma	귀신
Thanh sắc [타잉 싹]	평평한 음에서 서서히 상승하는 음	má	볼, 엄마
Thanh huyền [타잉 후이엔]	부드럽고 천천히 하강하는 음	mà	그런데
Thanh hỏi [타잉 허이]	포물선을 그리듯이 아래로 내렸다가 끝음을 살짝 올리는 음	mả	무덤
Thanh ngã [타잉 응아]	급격히 하강 후 다시 급격히 상승시키는 음	mã	말
Thanh nặng [타잉 낭]	강하고 급격히 내리 찍는 음	mạ	벼, 모

녹음을 들으면서 아래 6성조의 음을 따라 하세요.

MP3 01_13

① 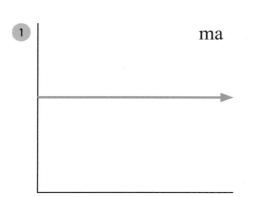 ma

② 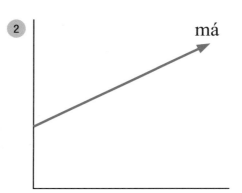 má

③ 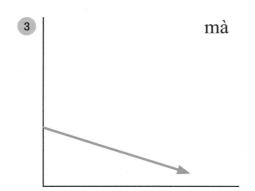 mà

④ 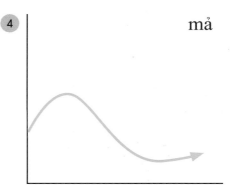 mả

⑤ 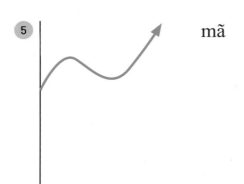 mã

⑥ 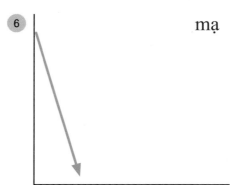 mạ

아래 단어를 성조에 유의하여 따라 읽어 보세요.

MP3 01_14

① em trai / đi chơi
　 đi về / bao giờ
　 xin lỗi / khiêu vũ

　 con cá / văn hóa
　 tư tưởng / vui vẻ
　 quan hệ / siêu thị

② trái cây / giáo viên
　 áo dài / tiếng Hàn
　 bác sĩ / hấp dẫn

　 áo mới / chú ý
　 kết quả / sức khỏe
　 tiếng Việt / ví dụ

③ người ta / cà phê
　 nhà hàng / đồng hồ
　 người Mỹ / bình tĩnh

　 Hàn Quốc / bài hát
　 đầy đủ / tình cảm
　 đề nghị / trường học

④ khả năng / điểm tâm
　 chủ nhà / phở bò
　 hiểu rõ / triển lãm

　 tổng thống / cảm xúc
　 bảo đảm / hủy bỏ
　 cảm động / chuẩn bị

⑤ diễn viên / ngã ba
　 rõ ràng / giữ gìn
　 mãi mãi / kỹ lưỡng

　 miễn phí / ngữ pháp
　 dũng cảm / bãi biển
　 xã hội / kỹ thuật

⑥ bệnh nhân / tự do
　 thị trường / vợ chồng
　 phụ nữ / ngoại ngữ

　 hộ chiếu / tạp chí
　 lịch sử / mạnh khỏe
　 bệnh viện / điện thoại

1. 성조에 유의하여 다음 베트남어를 듣고 따라 읽으세요.

MP3 01_15

ca	cư	cơ	cân	căn	cu	cô	co
cá	cứ	cớ	cấn	cắn	cú	cố	có
cà	cừ	cờ	cần	cằn	cù	cồ	cò
cả	cử	cở	cẩn	cẳn	củ	cổ	cỏ
cã	cữ	cỡ	cẫn	cẵn	cũ	cỗ	cõ
cạ	cự	cợ	cận	cặn	cụ	cộ	cọ

2. 녹음을 듣고 둘 중에 성조가 맞는 것에 v 표시를 하세요.

① má ( ) mã ( )　　② mà ( ) mạ ( )

③ ma ( ) mả ( )　　④ mã ( ) má ( )

⑤ mả ( ) mà ( )　　⑥ mà ( ) ma ( )

⑦ má ( ) ma ( )　　⑧ mạ ( ) mả ( )

3. 녹음을 듣고 올바른 성조를 표기하세요.

① hoc　　　　② uông　　　　③ sach

④ găp　　　　⑤ chi　　　　⑥ se

⑦ ba　　　　⑧ hoi　　　　⑨ noi

⑩ ngu　　　　⑪ năm　　　　⑫ đep

⑬ ban　　　　⑭ hiêu　　　　⑮ xuông

베트남에서 '나', '너' 서로의 호칭은 아래 1, 2인칭 단수와 같이 나이와 성별로 정해집니다. '나' 단어에 해당하는 tôi는 실제 대화에서 잘 쓰이지는 않으므로 상황에 맞게 바꿔 표현해야 합니다. (본 책에서는 '나'를 모두 tôi로 표기합니다)

MP3 01_16

1) 1, 2인칭 단수

tôi [또이]	나
bạn [반]	당신
ông [옴]	할아버지, 지위가 높은 남성뻘
bà [바]	할머니, 지위가 높은 여성뻘
chú [쭈]	아저씨뻘
cháu [짜우]	조카, 손자, 손녀뻘
anh [아잉]	오빠, 형뻘
chị [찌]	언니, 누나뻘
cô [꼬]	아줌마, 아가씨뻘 / 여자 선생님
thầy [터이]	남자 선생님
em [앰]	동생뻘
북 tớ [떠] 남 mình [밍]	친구 사이에서의 나
북 cậu [꺼우] 남 bạn [반]	친구 사이에서의 너

2) 1, 2인칭 복수

chúng ta [쭘 따]	우리 (청자 포함)
chúng tôi [쭘 또이]	우리 (청자 불포함)
chúng em [쭘 앰]	저희 (청자 불포함)

예 말하는 사람: 한국인 / 듣는 사람: 한국인인 상황에서
'우리나라'의 '우리'는 듣는 한국인을 포함하므로 chúng ta를 사용

말하는 사람: 한국인 / 듣는 사람: 베트남인인 상황에서
'우리나라'의 '우리'는 듣는 베트남인을 포함하지 않으므로 chúng tôi를 사용

3) 3인칭

3인칭은 1, 2인칭 뒤에 ấy를 붙여 '그 ～'로 표현합니다.

1, 2인칭	뜻	3인칭
ông [옴]	할아버지, 지위가 높은 남성뻘	
bà [바]	할머니, 지위가 높은 여성뻘	
chú [쭈]	아저씨뻘	
cháu [짜우]	조카, 손자, 손녀뻘	
anh [아잉]	오빠, 형뻘	
chị [찌]	언니, 누나뻘	ấy [어이]
cô [꼬]	아줌마, 아가씨뻘 / 여자 선생님	
thầy [터이]	남자 선생님	
em [앰]	동생뻘	
cậu [꺼우] / bạn [반]	친구	

1. 두 사람이 대화할 때 사용할 올바른 인칭을 쓰세요.

MP3 01_17

① 10세 여자 (　　　) – 20세 여자 (　　　)

② 10세 여자 (　　　) – 40세 남자 (　　　)

③ 10세 여자 (　　　) – 60세 여자 (　　　)

④ 20세 여자 (　　　) – 25세 남자 (　　　)

⑤ 25세 남자 (　　　) – 30세 남자 (　　　)

⑥ 20세 학생 (　　　) – 30세 여자 선생님 (　　　)

2. 다음 빈칸에 알맞은 인칭을 선택하세요.

① 남들에게 '우리 가족'이라고 말할 때　　　chúng ta (　　　) / chúng tôi (　　　)

② 가족에게 '우리 가족'이라고 말할 때　　　chúng ta (　　　) / chúng tôi (　　　)

③ 친구들에게 '우리'라고 말할 때　　　chúng ta (　　　) / chúng tôi (　　　)

④ 부모님께 '저희 친구들'이라고 말할 때　　chúng em (　　　) / chúng tôi (　　　)

MP3 01_18

0 không [콤]	1 một [몯]	2 hai [하이]	3 ba [바]
4 bốn [본]	5 năm [남]	6 sáu [싸우]	7 bảy [바이]
8 tám [땀]	9 chín [찐]	10 mười [므어이]	

숫자 규칙

▶ 15 이상부터 일의 자리의 5는 năm이 아닌 lăm

　VD 15 : mười năm (x) → mười lăm

▶ 20 이상부터 10은 mười가 아닌 mươi

　VD 20 : hai mười (x) → hai mươi

▶ 21 이상부터 일의 자리의 1은 một이 아닌 mốt

　VD 21 : hai mươi một (x) → hai mươi mốt

큰 단위

100 단위	trăm [짬] **VD** 100 : một trăm / 200 : hai trăm
1.000 단위	nghìn [응인] (= ngàn [응안]) **VD** 1.000 : một nghìn / 2.000 : hai nghìn
10.000 단위	___ +nghìn(ngàn) **VD** 10.000 : mười nghìn / 34.000 : ba mươi bốn nghìn
100.000 단위	___ +nghìn(ngàn) **VD** 100.000: một trăm nghìn / 200.000: hai trăm nghìn *만 단위와 십만 단위는 뒤에서 0 세 개를 끊고 앞의 숫자를 읽고 뒤의 0 세 개를 nghìn 혹은 ngàn이라고 읽는다.
1.000.000 단위	triệu [찌에우] **VD** 1.000.000 : một triệu

0 읽는 법

▶ **일반적으로 0은** không

▶ **십의 자리에 위치한 0은** linh [링] **혹은** lẻ [래]

    VD 202 : hai trăm linh hai / 3501 : ba nghìn năm trăm linh một

▶ **백의 자리에 위치한 0은** không trăm

    VD 1030 : một nghìn không trăm ba mươi / 4011: bốn nghìn không trăm mười một

숫자 연습

1. 보기와 같이 베트남어로 숫자를 써 보세요.

MP3 01_19

<보기>

11 : mười một

① 1 _____ 2 _____ 3 _____ 4 _____ 5 _____

② 6 _____ 7 _____ 8 _____ 9 _____ 10 _____

③ 15 _____ 19 _____ 21 _____ 25 _____

④ 55 _____ 61 _____ 83 _____ 97 _____

⑤ 100 _____ 200 _____ 500 _____ 750 _____

⑥ 1.000 _____ 5.000 _____ 8.000 _____

⑦ 10.000 _____ 50.000 _____ 75.000 _____

⑧ 100.000 _____ 200.000 _____ 750.000 _____

2. 보기와 같이 베트남어를 숫자로 바꾸세요.

MP3 01_20

〈보기〉

mười một : 11

① mười ba _____   mười bảy _____   hai mươi sáu _____

② năm mươi ba _____   bảy mươi mốt _____   chín mươi lăm _____

③ hai trăm mười _____   bốn trăm ba mươi lăm _____

④ bảy trăm ba mươi mốt _____   sáu trăm bốn mươi hai _____

⑤ hai nghìn _____   ba mươi lăm nghìn _____

⑥ một trăm mười nghìn _____   năm trăm năm mươi lăm nghìn _____

NƯỚC CỘNG HÒA XÃ HỘI CHỦ NGHĨA VIỆT NAM MUÔN NĂM !

2 · 9 · 1945

베트남 국기와 휘장

학습 목표

· 인사 표현과 이름 묻고 답하기
· 베트남 국기와 휘장의 의미 배우기

베트남 축구 경기 때 베트남 국기를 흔들던 관중의 모습을 본 적 있으신가요? 우리나라 국기인 태극기에도 의미가 있듯이 베트남 국기에도 의미가 있습니다. 베트남 국기와 함께 베트남을 상징하는 또 하나의 징표인 베트남 휘장의 의미도 함께 알아보아요!

□ 하노이 바딩 광장(Quảng trường Ba Đình)의 호찌민 주석 묘(Lăng chủ tịch Hồ Chí Minh)

단어 미리 보기

회화 1 chào 인사하다 anh 오빠, 형뻘 tên 이름 là+명사 ~이다 gì 무엇, 무슨 tôi 나 còn+인칭? 당신은요?
chị 언니, 누나뻘 rất 매우 vui 기쁜 được+동사 ~하게 되다 gặp 만나다 cũng ~도 역시, 또한 du học sinh 유학생
phải 옳은 vâng 네

회화 2 quảng trường 광장 rộng 넓은 quá 매우 kia 저것 quốc kỳ 국기 ~à? ~이 맞습니까? người 사람 Việt Nam 베트남
gọi 부르다 cờ 기 đỏ 붉은 sao 별 vàng 금 hay 재미있는

인사

MP3 02_01

A: Xin chào, anh tên là gì?
씬 짜오 아잉 뗀 라 지

B: Xin chào, tôi tên là Minsu. Còn chị?
씬 짜오 또이 뗀 라 민수 껀 찌

A: Tôi tên là Hoa. Rất vui được gặp anh.
또이 뗀 라 호아 젇 부이 드억 갑 아잉

B: Tôi cũng rất vui được gặp chị. Chị là du học sinh phải
또이 꿈 젇 부이 드억 갑 찌 찌 라 주 헙 씽 파이

không?
콤

A: Vâng.
벙

A: 안녕하세요, 이름이 뭐예요?

B: 안녕하세요, 제 이름은 민수입니다. 당신은요?

A: 제 이름은 호아입니다. 만나서 반가워요.

B: 저도 만나서 반가워요. 당신은 유학생인가요?

A: 네.

베트남 국기

MP3 02_02

A: Quảng trường Ba Đình rộng quá!
꾸앙 쯔엉 바 딩 좀 꾸아

B: Vâng.
벙

A: Kia là quốc kỳ Việt Nam à?
끼어 라 꾸옥 끼 비엔 남 아?

B: Phải. Người Việt Nam gọi là 'Cờ đỏ sao vàng'.
파이 응으어이 비엔 남 거이 라 꺼 더 싸오 방

A: Hay quá!
하이 꾸아

A: 바딩 광장이 매우 넓네요!

B: 네.

A: 저것은 베트남 국기이죠?

B: 맞아요. 베트남 사람은 '금성홍기'라고 불러요.

A: 매우 재밌네요!

녹음을 듣고 따라 하세요.

MP3 02_03

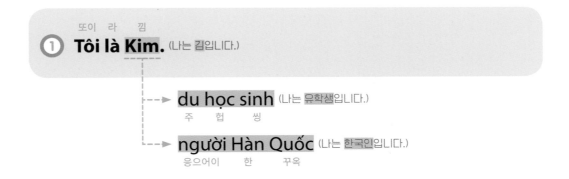

또이 라 낌
① Tôi là Kim. (나는 김입니다.)

┈┈▶ **du học sinh** (나는 유학생입니다.)
　　　주　헙　씽

┈┈▶ **người Hàn Quốc** (나는 한국인입니다.)
　　　응으어이　한　　꾸옥

껀　　아잉
② Còn anh? (형/오빠는요?)

┈┈▶ **chị** (언니/누나는요?)
　　　찌

┈┈▶ **em** (동생은요?)
　　　앰

아잉 뗀 라 지
③ Anh tên là gì? (형/오빠 이름이 뭐예요?)

┈┈▶ **Quốc kỳ Việt Nam** (베트남 국기가 뭐예요?)
　　　꾸옥　끼　비엔　남

┈┈▶ **Cờ đỏ sao vàng** (금성홍기가 뭐예요?)
　　　꺼　더　싸오　방

④ 또이 꿈 젿 부이 드억 갑
Tôi cũng rất vui được gặp. (나도 만나서 반가워요.)

➙ **là du học sinh** (나도 유학생이에요.)
라 주 헙 씽

➙ **là người Việt Nam** (나도 베트남 사람입니다.)
라 응으어이 비엔 남

⑤ 아잉 라 낌 파이 콤
Anh là Kim phải không? (형/오빠는 김입니까?)

➙ **du học sinh** (형/오빠는 유학생입니까?)
주 헙 씽

➙ **người Hàn Quốc** (형/오빠는 한국인이세요?)
응으어이 한 꾸옥

⑥ 좀 꾸아
Rộng quá! (매우 넓어요!)

➙ **Hay** (매우 재밌어요!)
하이

➙ **Vui** (너무 기뻐요!)
부이

녹음을 듣고 문제를 풀어 보세요.

🎧 MP3 02_04

1. 들리는 단어를 베트남어로 쓰세요.

a _____   b _____   c _____   d _____

e _____   f _____   g _____   h _____

2. 대화를 듣고 빈칸을 채우세요.

A : _____, anh tên _____ gì?

B : _____, tôi tên _____ Minsu. _____ chị?

A : Tôi tên _____ Hoa. Rất _____ được gặp _____.

B : Tôi _____ rất _____ được gặp _____. Chị _____ du học sinh

     _____ không?

A : Vâng.

3. 대화를 듣고 빈칸을 채우세요.

A : Quảng trường Ba Đình rộng _____!

B : _____.

A : Kia _____ quốc kỳ Việt Nam _____?

B : _____. Người Việt Nam gọi _____ 'Cờ đỏ sao vàng'.

A : Hay _____!

4. 들리는 문장과 그 문장의 뜻이 일치하면 O, 일치하지 않으면 X를 표시하세요.

    ⓐ 내 이름은 민수예요. (　　　)

    ⓑ 언니 이름이 뭐예요? (　　　)

    ⓒ 만나서 반갑습니다. (　　　)

    ⓓ 당신은 유학생입니까? (　　　)

5. 질문을 듣고 그 대답으로 적당한 것을 고르세요.

    ⓐ Vâng.　　　　　　ⓑ Tôi tên là Lan.

    ⓒ Xin chào.　　　　ⓓ Hay quá!

6. 대화를 듣고 내용과 일치하지 않는 것을 고르세요.

    ⓐ 남자 이름은 철수이다.

    ⓑ 두 사람은 예전부터 알던 사이이다.

    ⓒ 여자는 베트남 사람이다.

    ⓓ 두 사람은 바딩 광장에서 대화 중이다.

01 형용사 술어문

베트남어의 기본 어순은 주어+술어(동사, 형용사) 입니다.

tôi + vui = Tôi vui.
나   기쁜   나는 기뻐요.

부정문과 의문문으로 만들 때는 'không'을 각각 술어 앞뒤에 넣어 사용할 수 있습니다.

부정문   **tôi + không + vui = Tôi không vui.**
          나   부정   기쁜   나는 안 기뻐요.

의문문   **em + vui + không? = Em vui không?**
         동생   기쁜   의문   동생은 기뻐?

대답 시에는 Vâng(네)/Không(아니요)으로 답변이 가능합니다.

02 là 동사

là(~이다)+명사 는 '주어는 명사이다'의 의미입니다.

tôi + là + Linh = Tôi là Linh.
나는   이다   링   나는 링이다.

'phải(옳은)'로 부정문과 의문문을 만들 수 있습니다.

부정문   **tôi + không phải là + Linh = Tôi không phải là Linh.**
         나   ~가 아니다   링   나는 링이 아니다.

의문문   **chị + là + Linh + phải không = Chị là Linh phải không?**
        언니/누나 ~이다   링   맞습니까   언니/누나는 링이 맞습니까?

대답 시에는 Vâng(네), Phải(옳아요)/Không(아니요), Không phải(옳지 않아요)로 답변이 가능합니다.

03 cũng

cũng은 '~도 역시, ~도 또한'의 의미로 술어 앞에 위치합니다.

tôi + cũng + vui = Tôi cũng vui.
나   ~도 역시   기쁜   나도 기뻐요.

04 형용사 강조 rất / quá / lắm

형용사의 정도를 강조할 때 부사 rất/quá/lắm을 사용할 수 있습니다. rất은 형용사 앞에, lắm은 형용사 뒤에, quá는 형용사 앞뒤에 위치할 수 있습니다. quá가 형용사 앞에 위치하는 경우에는 '지나치게 매우 ~한'이라는 의미로 형용사의 의미를 더 강조합니다.

평서문   rất + vui = Rất vui.
       매우   기쁜   매우 기뻐요.

감탄문   vui + lắm = Vui lắm!
       기쁜   매우   매우 기뻐요!

감탄문   vui + quá = Vui quá!
       기쁜   매우   매우 기뻐요!

감탄문   quá + vui = Quá vui!
       매우   기쁜   지나치게 매우 기뻐요!

05 의문사 gì

의문사 gì는 동사나 명사 뒤에 위치하여 각각 '무엇', '무슨'이라는 의미를 나타냅니다.

kia + là + gì = Kia là gì?
저것   이다   무엇   저것은 무엇입니까?

tên + gì = Tên gì?
이름   무슨   무슨 이름?

06 ~phải không? = ~à? = ~hả? = ~đúng không?

앞서 학습했던 ~phải không?(맞습니까?)는 là 동사가 없는 경우에도 사실 확인을 묻기 위해 사용 가능하며 ~à? / ~hả? / ~đúng không?으로 대체해서 쓸 수 있습니다.

Người Việt Nam gọi là 'Cờ đỏ sao vàng' + phải không?
베트남 사람은 '금성홍기'라고 부른다 + 맞습니까?

                                     = + à?
                                     = + hả?
                                     = + đúng không?

1. 다음을 어순에 맞게 바르게 배열하세요.

ⓐ là / tôi / Lan → _____

ⓑ vui / được / rất / gặp → _____

ⓒ anh / là / tên / gì? → _____

ⓓ Ba Đình / quảng trường / quá / rộng → _____

2. 다음 문장을 지시대로 바꿔 보세요.

ⓐ Tôi vui.

부정문 → _____

ⓑ Tôi là du học sinh.

부정문 → _____

ⓒ Kia là quảng trường.

의문문 → _____

3. 빈칸을 채워 대화를 완성하세요.

ⓐ A: Anh tên là gì? 형/오빠 이름은 뭐예요?

   B: Tôi tên là _____. 내 이름은 Minh이에요.

ⓑ A: Anh là người Việt Nam phải không? 형/오빠는 베트남 사람이에요?

   B: _____. Tôi _____ người Việt Nam. 네. 나는 베트남 사람이에요.

anh 오빠, 형					
chị 언니, 누나					
tôi 나					
là~ ~이다					
gì 무엇, 무슨					
tên 이름					
vui 기쁜					
gặp 만나다					
phải 옳은					
Vâng 네					
rộng 넓은					
hay 재밌는					
gọi 부르다					
người 사람					
vàng 금					
quá 매우					

1 자기 소개를 시작할 때

Q **Bạn hãy (tự) giới thiệu về bản thân mình.** 본인에 대해 소개하세요.
반 하이 (뜨) 지어이 티에우 베 반 턴 밍

> • **hãy**는 동사 앞에 붙어 '~하세요'의 의미로 가벼운 명령을 나타내요. **tự**는 '스스로 ~하다'의 의미로 동사 앞에 붙어요. **giới thiệu**(소개하다) **về**(~에 대해) **bản thân mình**(본인 자신)과 합쳐져 '본인 자신에 대해 스스로 소개하세요', 즉 '본인에 대해 소개하세요'의 의미가 됩니다.

A **Tôi xin (tự) giới thiệu về bản thân mình.** 저에 대한 소개를 드리겠습니다.
또이 씬 (뜨) 지어이 티에우 베 반 턴 밍

> • **xin**은 예의를 갖추는 의미예요.

2 이름

Q **Bạn tên là gì?** 당신 이름이 뭐예요?
반 뗀 라 지

Tên (của) bạn là gì? 당신(의) 이름이 뭐예요?
뗀 (꾸어) 반 라 지

> • '당신 이름'을 ① **bạn**(당신) **tên**(이름), ② **tên**(이름) **bạn**(당신), ③ **tên**(이름) **của**(~의) **bạn**(당신) 이렇게 세 가지 중 한 가지로 쓸 수 있어요.

A **Tôi tên là Lan.** 내 이름은 란이에요.
또이 뗀 라 란

Tên (của) tôi là Lan. 나(의) 이름은 란이에요.
뗀 (꾸어) 또이 라 란

Tôi là Lan. 나는 란이에요.
또이 라 란

> • 자신의 이름을 얘기할 때는 위와 같이 **tên**(이름)을 직접 넣어도 되고 없어도 상관없어요.

연습 Tôi tên là _____.

3 국적

Bạn là người nước nào? 당신은 어느 나라 사람이에요?
반 라 응으어이 느억 나오

Quốc tịch (của) bạn là gì? 당신의 국적은 무엇입니까?
꾸옥 띡 (꾸어) 반 라 지

Bạn đến từ đâu? 당신은 어디 출신입니까?
반 덴 뜨 더우

- **bạn**(당신) **là**(~이다) **người**(사람) **nước**(나라) **nào**(어느)가 합쳐져 '어느 나라 사람이에요?'라는 의미가 돼요. **nào**는 명사 뒤에 붙는 의문사로 3과에서 더 자세히 배워 보도록 해요!
- **quốc tịch**(국적) 단어를 이용하여 국적을 물어볼 수도 있어요.
- **đến**(오다) **từ**(~로부터) **đâu**(어디)가 합쳐져 '어디서부터 왔어요?', 즉 '어디 출신이에요?'라는 의미가 됩니다. **đâu**는 '어디' 의미의 의문사로 3과에서 배워 보도록 해요!

Tôi là người Hàn Quốc. 나는 한국인입니다.
또이 라 응으어이 한 꾸옥

Quốc tịch (của) tôi là Hàn Quốc. 나의 국적은 한국입니다.
꾸옥 띡 (꾸어) 또이 라 한 꾸옥

Tôi đến từ Hàn Quốc. 나는 한국 출신입니다.
또이 덴 뜨 한 꾸옥

- **là**(~이다) 뒤에 **người**(사람) **Hàn Quốc**(한국)을 넣어 국적을 표현해요. 한국 대신 다른 국가명을 넣을 수 있어요.
- **đến từ**(~로부터 오다, ~출신이다) 뒤에 장소를 넣어 어디 출신인지 말할 수 있습니다. 국가명뿐만 아니라 도시명을 넣을 수도 있다는 점 참고하세요! **VD** **Tôi đến từ Seoul.** 나는 서울에서 왔어요.

연습 Tôi là người _____.

단어 **Việt Nam** [비엘 남] 베트남 **Trung Quốc** [쭘 꾸옥] 중국 **Nhật Bản** [녇 반] 일본 **Mỹ** [미] 미국

Anh [아잉] 영국 **Pháp** [팝] 프랑스

4 직업

Q

Bạn làm (nghề) gì? 당신은 무슨 일을 합니까?
반 람 (응에) 지

Nghề nghiệp (của) bạn là gì? 당신의 직업은 무엇입니까?
응에 응이엡 (꾸어) 반 라 지

- **làm**은 ① 하다 ② 일하다 ③ 만들다 세 가지 뜻이 있어요. 직업을 물어볼 때 이 뜻 중 '하다', '일하다'의 의미로 해석이 됩니다. 'Bạn làm gì?'는 '무슨 일을 하나요?'의 의미로 **làm**은 '일하다'라는 뜻이에요. 만일 **làm** 뒤에 **nghề**(직업)가 오게 되면 똑같이 '무슨 일을 해요?'의 의미지만 '무슨 직업을 해요?'라는 의미가 되어 이때의 **làm**은 '하다'입니다.
- **nghề nghiệp**은 '직업'이라는 뜻이에요.

A

Tôi là nhân viên công ty. 나는 회사원입니다.
또이 라 년 비엔 꼼 띠

Tôi làm nhân viên công ty. 나는 회사원 일을 해요.
또이 람 년 비엔 꼼 띠

Nghề nghiệp (của) tôi là nhân viên công ty.
응에 응이엡 (꾸어) 또이 라 년 비엔 꼼 띠
나(의) 직업은 회사원입니다.

- **là**(~이다) 뒤에 직업을 넣어 직업을 표현해요. **nhân viên công ty**는 '회사원'이라는 뜻이에요.
- **là** 대신 **làm**(일하다) 뒤에 직업을 쓸 수 있지만 **làm** 뒤에는 학생 관련 직업은 올 수 없어요.

연습 Tôi là _____.

단어 **giáo viên** [지아오 비엔] 선생님 **bác sĩ** [박 씨] 의사 **doanh nhân** [조아잉 년] 사업가
công chức [꼼 쯕] 공무원 **học sinh** [헙 씽] 초중고 학생 **sinh viên** [씽 비엔] 대학생

Q **Chức vụ (của) bạn là gì?** 당신의 직급은 무엇이에요?
쪽 부 (꾸어) 반 라 지

- **chức vụ**는 '직급'이라는 의미예요. **của**(~의)는 생략 가능해요.

A **Chức vụ (của) tôi là trưởng phòng.** 내 직급은 부장/과장입니다.
쪽 부 (꾸어) 또이 라 쯔엉 펌

- **là** 뒤에 직급을 넣어요.

연습 Chức vụ tôi là _____.

단어 **nhân viên thực tập** [년비엔특떱] 인턴사원 **nhân viên** [년비엔] 사원 **phó giám đốc** [퍼지암돕] 부사장
giám đốc [지암돕] 사장 **phó chủ tịch** [퍼쭈띡] 부회장 **chủ tịch** [쭈띡] 회장

Q **Bạn chuyên về ngành gì?** 무슨 분야를 전공해요?
반 쭈옌 베 응아잉 지

Chuyên ngành của bạn là khoa gì? 당신의 전공은 무슨 과예요?
쭈옌 응아잉 꾸어 반 라 코아 지

- **chuyên về**(~를 전공하다) **ngành**(분야) **gì**(무슨, 무엇)이 합쳐져 전공에 대해 물을 수 있어요.
- **chuyên ngành**(전공) 뒤에 **khoa**(과, 학과) **gì**(무슨, 무엇)이 합쳐진 형태예요.

A **Tôi chuyên về kinh tế.** 나는 경제를 전공해요.
또 쭈옌 베 낑 떼

- **chuyên về**(~를 전공하다) 뒤에 전공 과목을 붙여요.

연습 Tôi chuyên về _____.

단어 **kinh doanh** [낑조아잉] 경영 **lịch sử** [릭쓰] 역사 **chính trị** [찡찌] 정치 **ngôn ngữ** [응온응의] 언어
luật [루얻] 법 **công nghệ** [꼼응에] 기술

베트남 국기는 무엇일까요?

1945년 9월 4일 베트남 민주 공화국으로 독립할 때 처음 만들어졌고, 제1차 인도차이나 전쟁 후인 1955년 11월 30일, 이전 기에서 별의 5각을 더욱 날카롭게 수정하여 북(北)베트남의 국기인 '금성홍기(金星紅旗)'로 제정하였습니다. 베트남 전쟁 후, 1976년 7월에 통일 국가의 국기로 정하였습니다. 국기 바탕인 빨간색은 '혁명'을 상징하고 가운데 별의 노란색은 '민족'을 상징합니다. 황색별 5개의 모서리는 노동자 · 농민 · 지식인 · 청년 · 군인의 단결을 나타냅니다.

베트남의 휘장은 무슨 의미일까요?

베트남의 휘장은 베트남 민주 공화국(북베트남) 시대였던 1955년 11월 30일에 제정되었으며 1976년 7월 2일 베트남 공화국(남베트남)과의 통일이 된 이후에 베트남의 휘장으로 채택되었습니다.

휘장 가운데에는 빨간색 바탕에 노란색 별이 그려져 있습니다. 별 아래에는 노란색 톱니바퀴가 그려져 있으며 톱니바퀴 양쪽을 노란색 벼 이삭이 감싸고 있습니다. 국장 전체를 벼 이삭이 감싸고 있으며 국장 아래쪽에 있는 빨간색 리본에는 베트남 국가의 공식 명칭인 '베트남 사회주의 공화국(CỘNG HÒA XÃ HỘI CHỦ NGHĨA VIỆT NAM)'이 베트남어로 쓰여 있죠. 노란색 별은 공산당을, 톱니바퀴와 벼 이삭은 노동자와 농민을 의미합니다.

1. 베트남의 국기는 뭐라고 불리나요?

2. 베트남 국기의 빨간색 바탕은 무엇을 상징하나요?

3. 베트남 국기의 가운데 노란색 별은 무엇을 상징하나요?

4. 베트남 국가 공식 명칭은 무엇인가요?

5. 베트남 휘장의 별은 무엇을 의미하나요?

베트남 민족

학습 목표

· 수량 및 위치에 대해 묻고 답하기
· 최상급 표현하기
· 베트남 민족

베트남이 다민족으로 이루어져 있는 국가라는 것을 알고 계시나요? 우리가 일상생활에서 만나는 베트남 사람들은 어떤 민족이며, 그 외의 소수 민족들은 어디에서 살고 있을지 알아보도록 합시다!

□ 판시빵 산(Núi Phan xi pang)

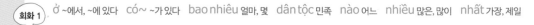

베트남 민족

MP3 03_01

A: Ở Việt Nam có bao nhiêu dân tộc?
어 비엗 남 꺼 바오 니에우 전 똡

B: Ở Việt Nam có 54 dân tộc.
어 비엗 남 꺼 54 전 똡

A: Dân tộc nào nhiều nhất?
전 똡 나오 니에우 녇

B: Dân tộc Kinh nhiều nhất.
전 똡 낑 니에우 녇

A: 베트남에는 몇 개의 민족이 있나요?

B: 베트남에는 54개의 민족이 있어요.

A: 어느 민족이 가장 많아요?

B: 낑족이 가장 많아요.

베트남 소수 민족

MP3 03_02

A: Dân tộc thiểu số Việt Nam sống ở đâu?
전 똡 티에우 쏘 비엘 남 쏨 어 더우

B: Ở miền núi, vùng sâu vân vân. Ở Sapa cũng có dân tộc
어 미엔 누이 붐 써우 번 번 어 싸빠 꿈 꺼 전 똡
thiểu số.
티에우 쏘

A: Sapa nằm ở đâu?
싸빠 남 어 더우

B: Sapa nằm trên núi Phan xi pang, miền Bắc. Núi Phan xi
싸빠 남 쩬 누이 판 씨 빵 미엔 박 누이 판 씨
pang là núi cao nhất ở Việt Nam.
빵 라 누이 까오 녈 어 비엘 남

A: 베트남 소수 민족은 어디에 살아요?

B: 산간 지역, 깊은 지역 등에 있어요. 사빠에도 소수 민족이
있어요.

A: 사빠는 어디에 위치해 있어요?

B: 사빠는 북부 판씨빵 산에 위치해 있어요. 판씨빵 산이 베트남
에서 가장 높은 산이에요.

녹음을 듣고 따라 하세요.

MP3 03_03

① **Ở Việt Nam có 54 dân tộc.** (베트남에는 54개 민족이 있어요.)
어 비엘 남 꺼 54 전 똡

núi Phan xi pang (베트남에는 판시빵 산이 있어요.)
누이 판 씨 빵

dân tộc thiểu số (베트남에는 소수 민족이 있어요.)
전 똡 티에우 쏘

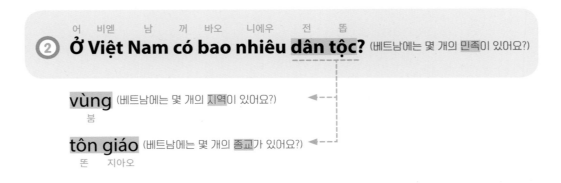

② **Ở Việt Nam có bao nhiêu dân tộc?** (베트남에는 몇 개의 민족이 있어요?)
어 비엘 남 꺼 바오 니에우 전 똡

vùng (베트남에는 몇 개의 지역이 있어요?)
붕

tôn giáo (베트남에는 몇 개의 종교가 있어요?)
똔 지아오

③ **Dân tộc nào nhiều nhất?** (어느 민족이 가장 많아요?)
전 똡 나오 니에우 녓

núi (어느 산이 가장 많아요?)

nước (어느 나라가 가장 많아요?)

④ 전 똡 낑 니에우 녇
Dân tộc Kinh nhiều nhất. (낑족이 가장 많아요.)

⟶ **cao** (낑족이 가장 키가 커요.)
까오

⟶ **hay** (낑족이 가장 재미있어요.)
하이

⑤ 전 똡 티에우 쏘 비엘 남 쏨 어 더우
Dân tộc thiểu số Việt Nam sống ở đâu?
(베트남 소수 민족은 어디에 살아요?)

⟶ **Dân tộc Kinh** (낑족은 어디에 살아요?)
전 똡 낑

⟶ **Anh** (형/오빠는 어디에 살아요?)
아잉

⑥ 어 미엔 누이 붐 써우 번 번
Ở miền núi, vùng sâu vân vân. (산간 지역, 깊은 지역 등에 있어요.)

⟶ **núi Phan xi pang** (판씨빵 산 등에 있어요.)
누이 판 씨 빵

⟶ **miền Bắc** (북부 등에 있어요.)
미엔 박

녹음을 듣고 문제를 풀어 보세요.

MP3 03_04

1. 들리는 단어를 베트남어로 쓰세요.

a _____   b _____   c _____   d _____

e _____   f _____   g _____   h _____

2. 대화를 듣고 빈칸을 채우세요.

A: _____ Việt Nam _____ bao nhiêu dân tộc?

B: _____ Việt Nam _____ 54 dân tộc.

A: Dân tộc _____ nhiều _____?

B: Dân tộc Kinh nhiều _____.

3. 대화를 듣고 빈칸을 채우세요.

A: Dân tộc thiểu số Việt Nam sống _____ _____?

B: _____ miền núi, vùng sâu vân vân. _____ Sapa cũng _____ dân tộc thiểu số.

A: Sapa nằm _____ _____?

B: Sapa nằm trên núi Phan xi pang, miền Bắc. Núi Phan xi pang là núi cao _____ _____ Việt Nam.

4. 들리는 문장과 그 문장의 뜻이 일치하면 O, 일치하지 않으면 X를 표시하세요.

ⓐ 베트남에는 산이 있어요. (   )

ⓑ 베트남에는 몇 개의 지역이 있어요? (   )

ⓒ 형은 어디에 살아요? (   )

ⓓ 내가 가장 키가 커요. (   )

5. 질문을 듣고 그 대답으로 적당한 것을 고르세요. 참고 gia đình 가족

ⓐ Miền Bắc.   ⓑ Tôi sống ở Việt Nam.

ⓒ Có 3 người.   ⓓ Sapa nằm trên núi Phan xi pang.

6. 대화를 듣고 내용과 일치하지 않는 것을 고르세요.

ⓐ 남자는 베트남에 산다.

ⓑ 여자는 한국에 산다.

ⓒ 남자의 가족은 총 4명이 있다. (본인 포함)

ⓓ 여자의 가족은 총 3명이 있다. (본인 포함)

01   có + 명사

có+명사 는 '명사가 있다' 혹은 '명사를 가지고 있다'의 의미로 존재, 소유의 의미를 나타냅니다.

có + núi = Có núi.
있다   산   산이 있어요.

có + dân tộc = Có dân tộc.
있다   민족   민족이 있어요.

có + vùng sâu = Có vùng sâu.
있다   깊은 지역   깊은 지역이 있어요.

02   bao nhiêu 의문사

bao nhiêu(얼마, 몇)는 10개 이상 혹은 가늠할 수 없는 수량에 대해 묻는 수량 의문사입니다.
10 이하의 수량에 대해서는 mấy(몇)를 사용합니다.

bao nhiêu + dân tộc = Bao nhiêu dân tộc? (10개 이상 혹은 수량이 많다고 생각할 때)
얼마/몇   민족   몇 개 민족이요?

mấy + dân tộc = Mấy dân tộc? (10개 이하라고 생각할 때)
몇   민족   몇 개 민족이요?

bao nhiêu + tuổi = Bao nhiêu tuổi? (10살 이상이라고 생각할 때)
얼마/몇   나이   몇 살이에요?

mấy + tuổi = Mấy tuổi? (10살 이하라고 생각할 때)
몇   나이   몇 살이에요?

bao nhiêu + người = Bao nhiêu người? (10명 이상이라고 생각할 때)
얼마/몇   사람   몇 명이에요?

mấy + người = Mấy người? (10명 이하라고 생각할 때)
몇   사람   몇 명이에요?

03   nào 의문사

의문사 nào(어느)는 명사 뒤에 붙어 '어느 명사?'라는 의미를 나타냅니다.

dân tộc + nào = Dân tộc nào?   núi + nào = Núi nào?
민족   어느   어느 민족이요?   산   어느   어느 산이요?

nước + nào = Nước nào?
나라   어느   어느 나라요?

04 형용사 + nhất

형용사 뒤에 nhất(가장, 제일)을 붙여 최상급을 나타냅니다.

nhiều + nhất = Nhiều nhất.
많은   가장   가장 많아요.

cao + nhất = Cao nhất.
높은/키 큰   가장   가장 높아요/가장 키 커요.

tốt + nhất = Tốt nhất.
좋은   가장   가장 좋아요.

05 đâu 의문사

의문사 đâu(어디)는 위치에 대해 물을 때 사용하며 주로 앞에 ở(~에서/~에 있다)와 함께 쓰입니다.

anh + sống + ở + đâu? = Anh sống ở đâu?
형/오빠   살다   ~에서   어디   형/오빠는 어디에서 살아요?

Sapa + nằm + ở + đâu? = Sapa nằm ở đâu?
사빠   위치해 있다 ~에서   어디   사빠는 어디에 위치해 있어요?

anh + ở + đâu? = Anh ở đâu?
형/오빠 ~에 있다   어디   형/오빠는 어디에 있어요?

núi Phan xi pang + ở + đâu? = Núi Phan xi pang ở đâu?
판씨빵 산   ~에 있다   어디   판씨빵 산은 어디에 있어요?

06 ở ~에서, ~에 있다

'ở đâu?'에 대한 답변 시 의문사 đâu 자리에 장소만 넣어   ở+장소   로 대답 가능합니다.

anh + sống + ở + Việt Nam = Anh sống ở Việt Nam.
형/오빠   살다   ~에서   베트남   형/오빠는 베트남에서 살아요.

Sapa + nằm + ở + miền Bắc = Sapa nằm ở miền Bắc.
사빠   위치해 있다 ~에서   북부   사빠는 북부에 위치해 있어요.

anh + ở + nhà = Anh ở nhà.
형/오빠 ~에 있다   집   형/오빠는 집에 있어요.

núi Phan xi pang + ở + Sapa = Núi Phan xi pang ở Sapa.
판씨빵 산   ~에 있다   사빠   판씨빵 산은 사빠에 있어요.

1. 다음을 어순에 맞게 바르게 배열하세요.

ⓐ Việt Nam / ở / dân tộc / có / bao nhiêu / ? → _____

ⓑ dân tộc Kinh / nhất / nhiều → _____

ⓒ dân tộc thiểu số Việt Nam / ở / sống / đâu / ? → _____

ⓓ đâu / Sapa / ở / nằm / ? → _____

2. 다음 단어를 이용해서 한국어 뜻에 맞게 바꿔 보세요.

ⓐ cao (키 큰)

내가 가장 키가 커요. → _____

ⓑ sống (살다)

형/오빠는 어디에서 살아요? → _____

ⓒ Hàn Quốc (한국)

나는 한국에서 살아요. → _____

3. 빈칸을 채워 대화를 완성하세요.

ⓐ A: Anh _____ tuổi? 형/오빠는 몇 살이에요?

B: 34 tuổi. 34살이에요.

ⓑ A: Anh là người nước _____ ? 형/오빠는 어느 나라 사람이에요?

B: Tôi là người Việt Nam. 나는 베트남 사람이에요.

ở ~에서, ~에 있다					
có~ ~가 있다					
bao nhiêu 얼마, 몇					
nào 어느					
dân tộc 민족					
nhiều 많은, 많이					
nhất 가장, 제일					
sống 살다					
miền Bắc 북부 지역					
sâu 깊은					
vân vân 등등					
nằm 놓여 있다					
trên~ ~ 위에					
núi 산					
cao 높은, 키가 큰					

1 나이

Q **Năm nay bạn bao nhiêu tuổi?** 올해 몇 살이에요?
남　나이　반　바오　니에우　뚜오이

Bạn sinh năm bao nhiêu? 몇 년생이에요?
반　씽　남　바오　니에우

- năm nay(올해) 뒤에 〈상대방+bao nhiêu(얼마나 많이)+tuổi(나이)〉를 붙여 나이를 물어보는데 상대방이 열 살 미만인 경우에는 bao nhiêu 대신 mấy로 물어봐요. 맨 앞의 năm nay는 생략하기도 해요.
- 몇 년생인지 물어볼 때는 sinh(태어나다) năm(년) 뒤에 bao nhiêu(얼마나 많이) 의문사를 붙여요.

A **Năm nay tôi 3 5 tuổi.** 올해 나는 35살이에요.
남　나이　또이　바므어이람　뚜오이

Tôi sinh năm 1 9 8 6. 나는 1986년생이에요.
또이　씽　남　몯 응인 찐쨤 땀므어이 싸우

- 몇 살인지 답할 때는 숫자 뒤에 tuổi(나이)를 붙여 표현하고 năm nay(올해)는 생략 가능해요.
- sinh(태어나다) 뒤에 〈năm(년)+숫자〉를 붙여 생년을 표현해요.

연습 Năm nay tôi _____ tuổi.

2 가족 소개

Q **Gia đình (của) bạn có mấy người?** 당신의 가족은 몇 명이 있어요?
지아　딩　(꾸어)　반　꺼　머이　응으어이

- gia đình(가족)이 몇 명이 있는지 물어볼 때 có(~가 있다) mấy(몇) 의문사 뒤에 người(사람)를 붙여서 물어봐요. 만일 가족의 인원 수가 많다고 생각되면 mấy 대신 bao nhiêu를 쓸 수도 있지만 현대 사회 가족 형태상 대부분 mấy를 사용해요.

A **Gia đình (của) tôi có 4 người.** 내 가족은 4명이 있어요.
지아　딩　(꾸어)　또이　꺼　본　응으어이

연습 Gia đình (của) tôi có _____ người.

3 가족 구성원

Q **Bạn có em gái không?** 당신은 여동생이 있어요?
반 꺼 앰 가이 콤

- **có**(~가 있다) 뒤에 오는 명사 자리에 가족 구성원 중의 **em gái**(여동생)를 붙이고 문장 끝에 **không**을 붙여 의문문으로 만들어요.

A **Tôi có 1 em gái.** 나는 여동생 1명 있어요.
또이 꺼 몯 앰 가이
Tôi không có em gái. 나는 여동생이 없어요.
또이 콤 꺼 앰 가이

연습 Tôi có _____. Tôi không có _____.

단어 **bố** [보] 아버지 **mẹ** [매] 어머니 **anh trai** [아잉 짜이] 형, 오빠 **chị gái** [찌 가이] 누나, 언니
em trai [앰 짜이] 남동생 **anh chị em** [아잉 찌 앰] 형제자매

4 사는 곳

Q **Bạn sống ở đâu?** 어디에 살아요?
반 쏨 어 더우
Nhà bạn ở đâu? 당신 집은 어디에 있어요?
냐 반 어 더우

ở의 뜻은
2가지예요.

- **sống**(살다) **ở**(~에서) **đâu**(어디)가 합쳐진 표현이에요.
- **nhà**(집) **bạn**(당신) **ở**(~에 있다, ~에 위치해 있다) **đâu**(어디)가 합쳐진 표현이에요.

A **Tôi sống ở Hà Nội.** 나는 하노이에 살아요.
또이 쏨 어 하 노이
Nhà tôi ở Hà Nội. 내 집은 하노이에 있어요.
냐 또이 어 하 노이

- 〈**sống**(살다) **ở**(~에서)+장소〉는 '~에 살아요'라는 의미예요.
- 〈**nhà**(집) **tôi**(나) **ở**(~에 위치해 있다)+장소〉는 '내 집이 ~에 있어요'라는 의미예요.

연습 Tôi sống ở _____.

5 일하는 곳

Q **Bạn làm (việc) ở đâu?** 당신은 어디에서 일해요?
반 람 (비엑) 어 더우

Công ty bạn ở đâu? 당신 회사는 어디에 있어요?
꼼 띠 반 어 더우

· **làm**(하다)과 **việc**(일)이 합쳐져 '일하다'라는 뜻이에요. **làm**의 뜻 중 '일하다'가 있기 때문에 **việc**은 생략 가능해요.

A **Tôi làm (việc) ở công ty điện tử.** 나는 전자 회사에서 일해요. ***điện tử** 전자
또이 람 (비엑) 어 꼼 띠 디엔 뜨

Công ty tôi ở Việt Nam. 내 회사는 베트남에 있어요.
꼼 띠 또이 어 비엘 남

연습 Tôi làm việc ở công ty _____.

단어 **thương mại** [트엉마이] 무역   **may mặc** [마이막] 의류   **thực phẩm** [특펌] 식품   **tài chính** [따이찡] 금융

6 공부하는 곳

Q **Bạn học ở đâu?** 당신은 어디에서 공부해요? ***học** 공부하다
반 헙 어 더우

A **Tôi học ở trường đại học.** 나는 대학교에서 공부해요. ***trường đại học** 대학교
또이 헙 어 쯔엉 다이 헙

연습 Tôi học ở _____.

단어 **trung tâm** [쭝떰] 학원   **trường cao học** [쯔엉 까오 헙] 대학원

7 취미

Q **Sở thích (của) bạn là gì?** 당신의 취미가 뭐예요? *sở thích 취미
써 틱 (꾸어) 반 라 지

A **Sở thích (của) tôi là xem phim.** 내 취미는 영화 보기예요.
써 틱 (꾸어) 또이 라 쌤 핌

연습 Sở thích của tôi là _____.

단어 **đi du lịch** [디주릭] 여행가기 **chơi thể thao** [쩌이 테타오] 스포츠하기

8 장르

Q **Bạn thích loại phim nào nhất?** 어느 영화 장르를 가장 좋아해요?
반 틱 로아이 핌 나오 녈

• **thích**(좋아하다) **loại**(종류) **phim**(영화) **nào**(어느) **nhất**(가장)이 합쳐진 표현이에요.

A **Tôi thích phim lãng mạn nhất.** 나는 로맨스 영화를 가장 좋아해요.
또이 틱 핌 랑 만 녈

연습 Tôi thích phim _____ nhất.

단어 **hành động** [하잉 동] 액션 **hài** [하이] 코미디 **kinh dị** [낑 지] 공포
khoa học viễn tưởng [코아 헙 비엔 뜨엉] SF

베트남에는 54개 민족이 있다?

현재 베트남에는 54개 민족이
있으며 그중 낑족(Kinh)이 베트
남 전체 인구의 86.2%를 차지
하고 있습니다. 그 외 53개 소
수 민족 중 많은 인구를 차지하
는 민족은 따이족(Tày), 타이족

(Thái), 므엉족(Mường), 크메르족(Khmer), 호아족(Hoa), 눙족(Nùng), 흐몽족(H'Mông) 등이 있으며 대부분의 소
수 민족은 베트남 북부, 중부, 남부의 산악 지대 혹은 깊은 지역에 살고 있습니다. 소수 민족은 일반적인 베트남 사
람인 낑족과 다른 풍습, 복장, 언어를 구사하는 것이 특징입니다.

낑족(Kinh)의 뿌리?

낑족(Kinh)은 비엣족(Việt)이라고도 부릅니다. 비엣족은 원주민과 북쪽에서 내려온 몽골족과의 혼혈 종족으로 중
국의 양쯔강 이남과 현 베트남 북부 지역에서 살았습니다. 이 때문에 베트남(Việt Nam)은 남쪽에 사는 비엣족을
뜻하며 몽골족과의 혼혈이기 때문에 한국인처럼 몽고점을 가지고 있는 사람도 있습니다.

고려 시대부터 시작된 한국과 베트남의 인연

1226년 베트남 리(Lý) 왕조의 6대 황제 영종의 아들인 이용상
(Lý Long Tường) 왕자가 쩐(Trần) 씨에게 왕위를 침탈당한 후
베트남을 도망쳐 황해도에 도착합니다. 그 후 그는 고려 고종 때
황해도 지역을 침입한 몽골군을 물리치는 큰 공을 세워 고려 고
종으로부터 화산군으로 봉작을 받고 한국 화산 이 씨의 시조가

됩니다. 현재 1,775명 정도의 화산 이 씨가 있으며, 화산 이 씨
종친회에서 1995년 베트남 방문 당시, 베트남인과 동등한 법적 대우 및 왕손 인정을 받는 등 화산 이 씨가 양국 관
계에서 가교 역할을 하고 있습니다.

1. 베트남에는 몇 개의 민족이 있나요?

2. 대부분의 베트남 사람들은 어떤 민족인가요?

3. 베트남 소수 민족은 주로 어디에서 생활하고 있나요?

4. 베트남 소수 민족이 살고 있는 지역인 사빠(Sapa)는 베트남에서 가장 높은 산에
   위치하고 있습니다. 그 산의 이름은 무엇일까요?

숫자

학습 목표

· 제안하고 이유 묻고 답하기
· 상대방에게 동의·동조 구하기
· 베트남 사람이 좋아하는 숫자/싫어하는 숫자

일상생활에서 빼놓을 수 없는 숫자! 휴대폰 번호, 차 번호판, 주소 번지수 등 베트남 생활 속에서 숫자는 중요한 요소입니다. 베트남 사람들이 좋아하는 숫자, 싫어하는 숫자는 무엇인지 알아보아요!

□ 다낭(Đà Nẵng)의 바나힐 리조트

싫어하는 숫자

MP3 04_01

A: Mời ông lên thang máy.
머이 옴 렌 탕 마이

B: Tại sao không có số '4' trong bảng nút bấm?
따이 싸오 콤 꺼 쏘 4 쩜 방 눋 범

A: Người Việt Nam không thích số '4' vì phát âm 四 và 死
응으어이 비엗 남 콤 틱 쏘 4 비 팓 엄 뜨 바 뜨

giống nhau.
지옴 냐우

B: Hàn Quốc và Việt Nam giống nhau nhỉ.
한 꾸옥 바 비엗 남 지옴 냐우 니

A: (할아버지는) 엘리베이터에 타십시오.

B: 왜 엘리베이터 버튼에 숫자 '4'가 없어요?

A: 베트남 사람은 四와 死의 발음이 비슷하기 때문에 4를 좋아하지
않아요.

B: 한국과 베트남은 같군요!

좋아하는 숫자

A: Tại sao anh gọi 2 chai bia?
따이 싸오 아잉 거이 2 짜이 비어

B: Vì người Việt Nam thích số chẵn.
비 응으어이 비엘 남 틱 쏘 짠

A: Thế à? À! Nghe nói người Việt Nam thích số '9'.
테 아 아 응애 너이 응으어이 비엘 남 틱 쏘 '9'

　　Tại sao vậy?
따이 싸오 버이

B: Vì số '9' có nghĩa là 'chín'.
비 쏘 '9' 꺼 응이어 라 찐

A: 오빠는 왜 맥주 두 병을 주문해요?

B: 왜냐하면 베트남 사람은 짝수를 좋아하기 때문이에요.

A: 그래요? 아! 듣기로 베트남 사람은 숫자 '9'를 좋아한대요.
　　왜 그래요?

B: 왜냐하면 '9'는 '잘 익은'이라는 의미가 있기 때문이에요.

녹음을 듣고 따라 하세요.

🎧 MP3 04_03

머이 옴 렌 탕 마이
① Mời ông lên thang máy. ((할아버지는) 엘리베이터에 타십시오.)

➤ **gọi món** (주문하십시오.)
거이 먼

➤ **vào** (들어오십시오.)
바오

따이 싸오 콤 꺼 쏘 4
② Tại sao không có số '4'? (왜 숫자 '4'가 없어요?)

➤ **phát âm giống nhau** (왜 발음이 서로 같아요?)
팟 엄 지옴 냐우

➤ **chị thích bia** (왜 언니/누나는 맥주를 좋아해요?)
찌 틱 비어

비 팟 엄 지옴 냐우
③ Vì phát âm giống nhau. (왜냐하면 발음이 서로 같기 때문이에요.)

➤ **không có bảng nút bấm** (왜냐하면 버튼이 없기 때문이에요.)
콤 꺼 방 눗 범

➤ **không thích** (왜냐하면 안 좋아하기 때문이에요.)
콤 틱

④ 한 꾸옥 바 비엘 남 지옴 냐우

Hàn Quốc và Việt Nam giống nhau. (한국과 베트남은 서로 같아요.)

➡ Người Hàn Quốc người Việt Nam
 응으어이 한 꾸옥 응으어이 비엘 남

(한국인과 베트남인은 서로 같아요.)

➡ Bia Hàn Quốc bia Việt Nam
 비어 한 꾸옥 비어 비엘 남

(한국 맥주와 베트남 맥주는 서로 같아요.)

⑤ 한 꾸옥 바 비엘 남 지옴 냐우 니

Hàn Quốc và Việt Nam giống nhau nhỉ! (한국과 베트남은 같군요!)

➡ Anh ấy thích Việt Nam (그 형/그 오빠는 베트남을 좋아하는군요!)
 아잉 어이 틱 비엘 남

➡ Tiếng Việt hay (베트남어는 재미있군요!)
 띠엥 비엘 하이

⑥ 응애 너이 응으어이 비엘 남 틱 쏘 9

Nghe nói người Việt Nam thích số '9'.

(듣기로 베트남 사람은 숫자 '9'를 좋아한대요.)

➡ anh ấy không thích bia (듣기로 그 형/그 오빠는 맥주를 싫어한대요.)
 아잉 어이 콤 틱 비어

➡ người Việt Nam thích số chẵn
 응으어이 비엘 남 틱 쏘 짠

(듣기로 베트남 사람은 짝수를 좋아한대요.)

녹음을 듣고 문제를 풀어 보세요.

MP3 04_04

1. 들리는 단어를 베트남어로 쓰세요.

a _____   b _____   c _____   d _____

e _____   f _____   g _____   h _____

2. 대화를 듣고 빈칸을 채우세요.

A : _____ ông _____ thang máy.

B : _____ không _____ số '4' trong bảng nút bấm?

A : _____ Việt Nam không _____ số '4' _____ phát âm 四 _____

死 giống nhau.

B : Hàn Quốc _____ Việt Nam giống nhau _____.

3. 대화를 듣고 빈칸을 채우세요.

A : _____ anh gọi 2 chai _____?

B : _____ người Việt Nam _____ số chẵn.

A : Thế à? À! _____ người Việt Nam _____ số '9'. _____ vậy?

B : _____ số '9' có nghĩa là 'chín'.

4. 들리는 문장과 그 문장의 뜻이 일치하면 O, 일치하지 않으면 X를 표시하세요.

ⓐ 엘리베이터에 타십시오. (　　　)

ⓑ 왜 맥주를 좋아해요? (　　　)

ⓒ 한국인과 베트남인은 서로 같아요. (　　　)

ⓓ 듣기로 그 형/그 오빠는 베트남을 좋아한대요. (　　　)

5. 질문을 듣고 그 대답으로 적당한 것을 고르세요.

ⓐ Vì người Việt Nam thích số chẵn.　　　ⓑ Vì tiếng Việt hay.

ⓒ Vì không có thang máy.　　　ⓓ Người Việt Nam thích Hàn Quốc.

6. 대화를 듣고 내용과 일치하지 않는 것을 고르세요.

ⓐ 두 사람은 엘리베이터에서 대화 중이다.

ⓑ 남자는 베트남어를 공부한다.

ⓒ 여자가 베트남어를 좋아하는 이유는 베트남을 좋아하기 때문이다.

ⓓ 베트남어와 한국어는 발음이 비슷하다.

01 mời + (상대방) + 동사

mời는 '초대하다'의 의미로 뒤에 상대방+동사 가 올 경우 '상대방이 ~하십시오'의 의미로 정중히 제안하는 의미를 나타냅니다. '상대방'은 생략 가능합니다.

mời + (anh) + lên = Mời (anh) lên.
초대하다 형/오빠 오르다 오르십시오(타십시오).

mời + (anh) + dùng = Mời (anh) dùng.
초대하다 형/오빠 드시다 드십시오.

mời + (anh) + ngồi = Mời (anh) ngồi.
초대하다 형/오빠 앉다 앉으십시오.

02 Tại sao 의문사

tại sao는 '왜'라는 의미의 의문사로 단독으로 사용하거나 문장 맨 앞에 붙어 '왜 ~해요?'의 의미가 됩니다. tại sao 대신 vì sao, sao로 대체 사용 가능합니다.

tại sao + em + không có + bạn trai = Tại sao em không có bạn trai?
왜 동생 없다 남자 친구 왜 동생은 남자 친구가 없어요?

tại sao + anh + bồn chồn = Tại sao anh bồn chồn?
왜 형/오빠 불안한 왜 형/오빠는 불안해해요?

tại sao + chị + học + tiếng Việt = Tại sao chị học tiếng Việt?
왜 언니/누나 공부하다 베트남어 왜 언니/누나는 베트남어를 공부해요?

03 vì 접속사

접속사 vì는 '왜냐하면 ~하기 때문에'의 의미로 이유에 대해 설명할 때 사용합니다. Tại sao~?의 답변 시 주로 사용합니다.

vì + tôi + không có + thời gian = Vì tôi không có thời gian.
왜냐하면 나 없다 시간 왜냐하면 나는 시간이 없어서요.

vì + tôi + muộn = Vì tôi muộn.
왜냐하면 나 늦은 왜냐하면 나는 늦어서요.

vì + tôi + muốn + làm việc + ở + Việt Nam = Vì tôi muốn làm việc ở Việt Nam.
왜냐하면 나 원하다 일하다 ~에서 베트남 왜냐하면 나는 베트남에서 일하기를 원해서요.

04   A và B giống nhau

앞의 두 대상이 서로 같음을 표현할 때 giống(같다)와 nhau(서로)를 함께 사용하여 giống nhau(서로 같다)라고 표현합니다. '서로 다르다'는 khác nhau이니 함께 알아 두세요!

Hàn Quốc + và + Việt Nam + giống nhau = Hàn Quốc và Việt Nam giống nhau.
한국   그리고   베트남   서로 같다   한국과 베트남은 서로 같아요.

con trai + và + con gái + giống nhau = Con trai và con gái giống nhau.
아들   그리고   딸   서로 같다   아들과 딸이 서로 같아요.

cái này + và + cái đó + giống nhau = Cái này và cái đó giống nhau.
이것   그리고   그것   서로 같다   이것과 그것은 서로 같아요.

05   ~nhỉ

상대방에게 동의, 동조를 구할 때 문장 끝에 nhỉ를 붙여 '~하군요', '~하네요'를 표현합니다.

người Việt Nam + đẹp + quá + nhỉ = Người Việt Nam đẹp quá nhỉ!
베트남인   예쁜   너무   ~하군요   베트남인은 너무 예쁘군요!

em + thông minh + quá + nhỉ = Em thông minh quá nhỉ!
동생   똑똑한   너무   ~하군요   동생은 너무 똑똑하네!

gia đình + của + anh + hạnh phúc + nhỉ = Gia đình của anh hạnh phúc nhỉ!
가족   ~의   형/오빠   행복한   ~하군요   형/오빠의 가족은 행복하군요!

06   Nghe nói~

nghe(듣다)와 nói(말하다)가 합쳐진 표현으로 전해 들은 사실, 내용을 전할 때 문장 맨 앞에 사용하여 '듣기로는 ~라고 하더라'의 의미입니다.

nghe nói + cô Lan + dạy + giỏi = Nghe nói cô Lan dạy giỏi.
듣기로 ~라고 하더라   란 선생님   가르치다   잘하는/잘   듣기로 란 선생님이 잘 가르친다고 하더라.

nghe nói + phở + ngon = Nghe nói phở ngon.
듣기로 ~라고 하더라   쌀국수   맛있는   듣기로 쌀국수가 맛있다고 하더라.

nghe nói + dạo này + anh ấy + bận = Nghe nói dạo này anh ấy bận.
듣기로 ~라고 하더라   요즘   그 형/그 오빠   바쁜   듣기로 요즘 그 형/그 오빠는 바쁘다고 하더라.

1. 다음을 어순에 맞게 바르게 배열하세요.

ⓐ mời / lên / ông → _____

ⓑ và / Hàn Quốc / Việt Nam / nhỉ / giống nhau → _____

ⓒ học / tiếng Việt / chị / tại sao / ? → _____

ⓓ người Việt Nam / quá / nhỉ / đẹp / ! → _____

2. 다음 단어를 이용해서 한국어 뜻에 맞게 써 보세요.

ⓐ 왜 형/오빠는 여자 친구가 없어요? *bạn gái 여자 친구

→ _____

ⓑ 왜냐하면 나는 일하고 싶기 때문이에요. *làm việc 일하다

→ _____

ⓒ 듣기로 쌀국수가 맛있다고 하더라. *phở 쌀국수 / ngon 맛있는

→ _____

3. 빈칸을 채워 대화를 완성하세요.

ⓐ A : _____ anh dùng. 드십시오

　B : Xin cảm ơn. 감사합니다.

ⓑ A : _____ anh học tiếng Việt? 왜 베트남어를 공부해요?

　B : Vì tôi thích Việt Nam. 왜냐하면 나는 베트남을 좋아하기 때문이에요.

mời 초대하다				
lên 오르다				
thang máy 엘리베이터				
tại sao 왜				
số 수, 번호				
trong~ ~ 중에, ~ 안에				
bảng 판				
vì 왜냐하면				
phát âm 발음				
giống nhau 서로 같다				
chai 병(瓶)				
bia 맥주				
thích 좋아하다				
nghe nói~ 듣기로는 ~				
quá 매우				

1 시간

Q **Bây giờ là mấy giờ?** 지금 몇 시예요?
버이 지어 라 머이 지어

Bây giờ là mấy giờ rồi? 지금 몇 시 됐어요?
버이 지어 라 머이 지어 조이

- **bây giờ**(지금) **là**(~이다) **mấy**(몇) **giờ**(시) 가 합쳐져 '지금 몇 시예요?'라는 의미가 되며 문장 끝에 완료의 의미인 **rồi**를 붙일 수도 있어요.

A **Bây giờ là 3 giờ 5 phút.** 지금은 3시 5분이에요.
버이 지어 라 바 지어 남 풋

Bây giờ là 3 giờ 5 phút rồi. 지금은 3시 5분 됐어요.
버이 지어 라 바 지어 남 풋 조이

- 시간을 표현할 때 〈숫자+**giờ**(시)+숫자+**phút**(분)〉으로 표현하고 맨 뒤에 **rồi**(완료)를 붙일 수도 있어요.

연습 Bây giờ là _____.

단어 **3 giờ rưỡi** [바 지어 즈어이] 3시 반   **2 giờ kém 5** [하이 지어 깸 남] 2시 5분 전

Q **Mấy giờ bạn đi học? = Bạn đi học lúc mấy giờ?**
머이 지어 반 디 헙   반 디 헙 룹 머이 지어

몇 시에 공부하러 가요?

- 〈**mấy**(몇)+**giờ**(시)〉를 문장 앞에 붙여 '몇 시에 ~해?'라고 물어볼 수 있어요. **mấy giờ**가 문장 뒤로 갈 경우 **lúc**(~에)이 함께 와야 해요.

A **1 2 giờ trưa tôi đi học. = Tôi đi học lúc 1 2 giờ trưa.**
므어이하이 지어 쯔어 또이 디 헙   또이 디 헙 룹 므어이하이 지어 쯔어

점심 12시에 공부하러 가요.

- 12시가 점심인지 밤인지 표현하고 싶으면 12시 뒤에 시간대를 붙여 줄 수 있어요. 시간(**giờ, phút**)은 문장 맨 앞뒤 둘 다 위치 가능하지만 맨 뒤로 갈 때는 전치사 **lúc** 뒤에 시간을 써 줘요.

연습 _____ tôi đi học.

단어 **7 giờ sáng** [바이 지어 쌍] 아침 7시   **2 giờ chiều** [하이 지어 찌에우] 오후 2시

Q **Từ mấy giờ đến mấy giờ bạn thường học tiếng Việt?**
뜨 머이 지어 덴 머이 지어 반 트엉 헙 띠엥 비엔

당신은 보통 몇 시부터 몇 시까지 베트남어를 공부해요?

- **từ A đến B**는 'A부터 B까지'의 의미로 **mấy giờ**가 뒤에 오면서 '몇 시부터 몇 시까지'라는 의미가 됩니다. **thường**은 빈도부사 '보통'의 의미로 **học**(공부하다) 앞에 위치합니다.

A **Từ 8 giờ đến 10 giờ.** 8시부터 10시까지요.
뜨 땀 지어 덴 므어이 지어

시간대 표현

buổi sáng [부오이 쌍] 아침(01:00 ~ 10:59)   **buổi trưa** [부오이 쯔어] 점심(11:00 ~ 12:59)

buổi chiều [부오이 찌에우] 오후(13:00 ~ 18:59)   **buổi tối** [부오이 또이] 저녁(19:00 ~ 22:59)

ban đêm [반 뎀] 밤(23:00 ~ 24:59)

---

2 요일

Q **Hôm nay là thứ mấy?** 오늘은 무슨 요일이에요?
홈 나이 라 트 머이

- **hôm nay**(오늘) **là**(~이다) **thứ**(번째) **mấy**(몇)이 합쳐진 표현으로 베트남어의 서수와 요일이 같아요. 단 **thứ nhất**(첫 번째)는 요일에 사용하지 않습니다.

A **Hôm nay là thứ 3.** 오늘은 화요일이에요.
홈 나이 라 트 바

연습 ① _____ **là** ② _____.

단어 ① **hôm kia** [홈 끼어] 엊그제 **hôm qua** [홈 꾸아] 어제 **ngày mai** [응아이 마이] 내일 **ngày kia** [응아이 끼어] 모레

② **chủ nhật** [쭈 녇] 일요일 **thứ 2** [트 하이] 월요일 **thứ 3** [트 바] 화요일 **thứ tư** [트 뜨] 수요일 **thứ 5** [트 남] 목요일

thứ 6 [트 싸우] 금요일 **thứ 7** [트 바이] 토요일

Q **Thứ mấy bạn đi Việt Nam?**
트 머이 반 디 비엘 남

= **Bạn đi Việt Nam vào thứ mấy?** 무슨 요일에 베트남에 가요?
반 디 비엘 남 바오 트 머이

- '무슨 요일에 ~해?'를 물어볼 때 **thứ**(번째) **mấy**(몇)가 맨 앞에 위치하고 문장 맨 뒤로 갈 때는 **vào**(~에) 뒤에 위치해요.

A **Thứ hai tuần sau tôi đi Việt Nam.**
트 하이 뚜언 싸우 또이 디 비엘 남

= **Tôi đi Việt Nam vào thứ hai tuần sau.**
또이 디 비엘 남 바오 트 하이 뚜언 싸우
다음 주 월요일에 나는 베트남에 가요.

- '다음 주 월요일'을 베트남어로 표현할 때 '월요일 다음 주' 순으로 옵니다. **giờ**와 **phút**을 제외한 시간들은 문장 맨 뒤로 갈 경우 전치사 **lúc** 대신 **vào**를 사용합니다.

3 이유, 목적

Q **Tại sao bạn học tiếng Việt?** 왜 베트남어를 배워요?
따이 싸오 반 헙 띠엥 비엘

Bạn học tiếng Việt để làm gì? 뭐 하려고 베트남어를 배워요?
반 헙 띠엥 비엘 데 람 지

- 〈**để**+동사〉는 '~하기 위해'라는 의미예요. **để**(~하기 위해) **làm**(하다) **gì**(무엇)이 합쳐져 '뭐 하려고?'의 의미가 됩니다.

A **Vì tôi muốn làm việc ở Việt Nam.**
비 또이 무온 람 비엑 어 비엘 남
왜냐하면 나는 베트남에서 일하고 싶기 때문이에요.

Tôi học tiếng Việt để làm việc ở Việt Nam.
또이 헙 띠엥 비엘 데 람 비엑 어 비엘 남
나는 베트남에서 일하기 위해 베트남어를 공부해요.

- **để**(~하기 위해) 뒤에 **làm việc**(일하다)가 합쳐져 '일하기 위해'라는 의미가 됩니다.

연습 Vì tôi muốn _____ ở Việt Nam.

단어 **đi du lịch** [디주릭] 여행을 가다   **đi du học** [디주헙] 유학을 가다   **làm ăn** [람안] 사업하다   **sống** [쏨] 살다

4 기간

Q **Bạn học tiếng Việt mấy ngày/tuần/tháng/năm rồi?**
반　 협　 띠엥　 비엔　 머이　 응아이　 뚜언　 탕　 남　 조이

당신은 베트남어 배운 지 며칠/몇 주/몇 달/몇 년 됐어요?

- **mấy**(몇) **ngày**(일) **rồi**(완료)가 합쳐져 '며칠 됐어요?'의 의미가 되며 **ngày** 자리에 **tuần**(주), **tháng**(달), **năm**(년)을 넣으면 각각 '몇 주 됐어요?', '몇 달 됐어요?', '몇 년 됐어요?'의 의미예요.

A **Tôi học tiếng Việt 10 ngày rồi.** 나는 베트남어 배운 지 10일 됐어요.
또이　 협　 띠엥　 비엔　 므어이　응아이　 조이

- 기간은 숫자 뒤에 **ngày**(일), **tuần**(주), **tháng**(달), **năm**(년)을 붙여 표현하며 맨 뒤에 완료인 **rồi**를 붙일 수도 있어요.

연습 Tôi học tiếng Việt _____ rồi.

5 베트남에 대해 묻기

Q **Bạn có biết gì về Việt Nam không?** 베트남에 대해 뭐 아는 것 있어요?
반　 꺼　 비엔　 지　 베　 비엔　 남　 콤

- **biết**(알다) **gì**(무엇) **về**(~에 대해) **Việt Nam**(베트남)을 의문문으로 만들 때 문장 맨 뒤에 **không**을 붙여요. 이 때 술어인 **biết**의 의미를 강조하고 싶은 경우 **biết** 앞에 **có**를 붙여 물어볼 수 있어요.

A **Nghe nói trang phục truyền thống của Việt Nam là 'Áo dài'.**
응애　 너이　 짱　 풉　 쭈이엔　 톰　 꾸어　비엔　 남　 라　 아오　 자이

듣기로 베트남의 전통의상은 '아오자이'래요. *trang phục 의상 truyền thống 전통

Nghe nói món ăn đại biểu của Việt Nam là phở.
응애　 너이　 먼　 안　 다이　 비에우　 꾸어　비엔　 남　 라　 퍼

듣기로 베트남의 대표적인 음식은 쌀국수래요. *món ăn 음식 đại biểu 대표의

- **nghe**(듣다)와 **nói**(말하다)가 합쳐지면 **nghe nói**(듣기로는 ~라고 하더라)의 의미로 문장 맨 앞에 사용합니다.

베트남 사람이 좋아하는 숫자? 싫어하는 숫자?

베트남 사람들이 가장 좋아하는 숫자는 '9'입니다. 첫 번째 이유는 9의 발음이 'chín'인데 chín은 '잘 익은'이라는 의미로 풍부함을 뜻하여 행운을 가져다주는 숫자라고 생각하기 때문입니다. 두 번째 이유로는 0~9까지 숫자 중 9가 가장 높은 숫자이기 때문이죠. 반대로 베트남 사람이 가장 싫어하는 숫자는 '4'로 우리나라와 마찬가지로 죽음을 의미하는 '死'를 연상시키기 때문에 싫어합니다. 그래서 4를 'bốn'에서 'tư'로 바꿔 사용하는 경우를 종종 볼 수 있습니다.

베트남 사람이 선호하는 숫자는?

베트남 사람들은 휴대폰이나 오토바이 번호로 점점 상승하는 번호를 선호합니다. 예를 들어, 오토바이 번호 네 자리가 9872와 같이 점점 숫자가 아래로 내려가는 번호보다는 3589처럼 상승하는 번호를 선호하죠.

베트남 사람은 홀수의 인원으로는 사진 찍기를 꺼린다?

베트남 사람은 홀수를 꺼리는 편이어서 사진을 찍을 때도 짝수로 수를 맞춰 찍으려는 경향이 있습니다.

베트남 화폐

năm trăm nghìn đồng

hai trăm nghìn đồng

một trăm nghìn đồng

năm mươi nghìn đồng

hai mươi nghìn đồng

mười nghìn đồng

năm nghìn đồng

hai nghìn đồng

một nghìn đồng

1. 베트남 사람이 좋아하는 숫자와 그 이유는 무엇일까요?

2. 베트남 사람이 싫어하는 숫자와 그 이유는 무엇일까요?

3. 베트남 사람은 싫어하는 숫자를 주로 어떻게 바꿔 부르나요?

4. 베트남 사람은 홀수를 더 좋아하나요, 짝수를 더 좋아하나요?

명절

학습 목표

· 축하/날짜 표현하기
· 빈도부사, 접속사 '혹은' 사용하기
· 베트남 설날, 추석

베트남에도 한국과 마찬가지로 설날과 추석이 있습니다. 음력 날짜를 기준으로 한다는 점은 같지만, 한국과 비교했을 때 다른 점도 있는데요. 베트남의 설날과 추석 모습은 어떨지 함께 알아봅시다!

□ 호이안(Hội An)의 한 거리

베트남의 설날

MP3 05_01

A: Tết sắp đến rồi. Chúc mừng năm mới!
뗃 쌉 덴 조이 쭉 믕 남 머이

B: Tết Việt Nam là khi nào?
뗃 비엩 남 라 키 나오

A: Ngày 1 tháng 1 theo âm lịch. Ngày Tết , người Việt Nam
응아이 1 탕 1 태오 엄 릭 응아이 뗃 응으어이 비엩 남

thường nghỉ trong khoảng 1 tuần.
트엉 응이 쩜 코앙 1 뚜언

B: Ngày Tết, người Việt Nam thường làm gì?
응아이 뗃 응으어이 비엩 남 트엉 람 지

A: Phần lớn người Việt Nam về quê hay làm 'bánh chưng'
펀 런 응으어이 비엩 남 베 꾸에 하이 람 바잉 쯩

với gia đình.
버이 지아 딩

A: 설날이 곧 다가와요. 새해 복 많이 받으세요!

B: 베트남의 설날은 언제예요?

A: 음력 1월 1일이요. 설날에 베트남 사람은 약 1주일 정도 쉬어요.

B: 설날에 베트남 사람은 보통 뭐 해요?

A: 대부분의 베트남 사람은 고향에 가거나 가족과 '설날빵'을
함께 만들어요.

베트남의 추석

MP3 05_02

A: Ngày Trung Thu Việt Nam là ngày mấy?
응아이 쭘 투 비엣 남 라 응아이 머이

B: Ngày 15 tháng 8 theo âm lịch. Nhưng ở Việt Nam không
응아이 15 탕 8 태오 엄 릭 니응 어 비엣 남 콤

nghỉ vào ngày này.
응이 바오 응아이 나이

A: Thế thì người Việt Nam thường làm gì?
테 티 응으어이 비엣 남 트엉 람 지

B: Ngày này người Việt Nam thường đi chơi với con cái
응아이 나이 응으어이 비엣 남 트엉 디 쩌이 버이 껀 까이

hoặc ăn 'bánh Trung Thu'.
호악 안 바잉 쭘 투

A: 추석이 며칠이에요?

B: 음력 8월 15일이에요. 하지만 베트남에서 이날 안 쉬어요.

A: 그러면 베트남 사람은 보통 뭐 해요?

B: 이날 베트남 사람은 보통 자식과 놀러 가거나 '월병'을 먹어요.

녹음을 듣고 따라 하세요.

MP3 05_03

떼 쌉 덴 조이
① Tết sắp đến rồi. (설날이 곧 다가와요.)

Cuối tuần (주말이 곧 다가와요.)
꾸오이   뚜언

Sinh nhật tôi (내 생일이 곧 다가와요.)
씽   녇   또이

떼 비엔 남 라 키 나오
② Tết Việt Nam là khi nào? (베트남의 설날은 언제예요?)

Trung Thu Hàn Quốc (한국의 추석은 언제예요?)
쭘   투   한   꾸옥

Sinh nhật anh (형/오빠의 생일은 언제예요?)
씽   녇   아잉

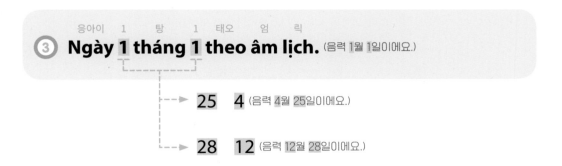

응아이 1 탕 1 태오 엄 릭
③ Ngày 1 tháng 1 theo âm lịch. (음력 1월 1일이에요.)

25   4 (음력 4월 25일이에요.)

28   12 (음력 12월 28일이에요.)

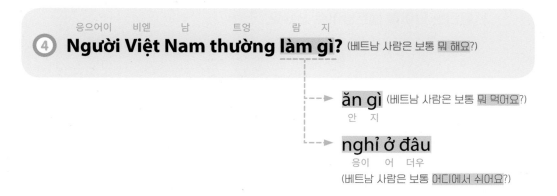

④ 응으어이 비엘 남 트엉 람 지
Người Việt Nam thường làm gì? (베트남 사람은 보통 뭘 해요?)

ăn gì (베트남 사람은 보통 뭘 먹어요?)
안 지

nghỉ ở đâu
응이 어 더우
(베트남 사람은 보통 어디에서 쉬어요?)

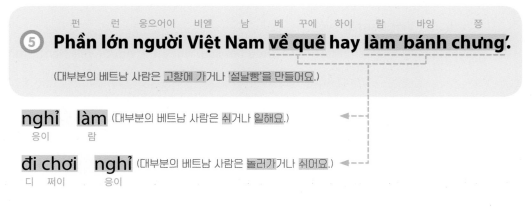

⑤ 펀 런 응으어이 비엘 남 베 꾸에 하이 람 바잉 쯩
Phần lớn người Việt Nam về quê hay làm 'bánh chưng'.

(대부분의 베트남 사람은 고향에 가거나 '설날빵'을 만들어요.)

nghỉ   làm (대부분의 베트남 사람은 쉬거나 일해요.)
응이   람

đi chơi   nghỉ (대부분의 베트남 사람은 놀러가거나 쉬어요.)
디 쩌이   응이

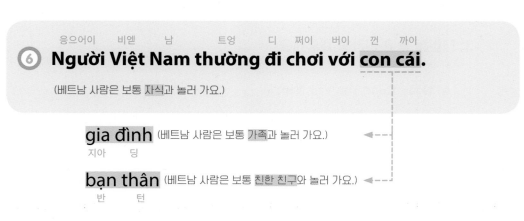

⑥ 응으어이 비엘 남 트엉 디 쩌이 버이 껀 까이
Người Việt Nam thường đi chơi với con cái.

(베트남 사람은 보통 자식과 놀러 가요.)

gia đình (베트남 사람은 보통 가족과 놀러 가요.)
지아   딩

bạn thân (베트남 사람은 보통 친한 친구와 놀러 가요.)
반   턴

녹음을 듣고 문제를 풀어 보세요.

MP3 05_04

1. 들리는 단어를 베트남어로 쓰세요.

a _____   b _____   c _____   d _____

e _____   f _____   g _____   h _____

2. 대화를 듣고 빈칸을 채우세요.

A: Tết _____ đến rồi. _____ năm mới!

B: Tết Việt Nam là _____?

A: _____ 1 _____ 1 theo âm lịch. Ngày Tết, người Việt Nam thường

_____ trong khoảng 1 tuần.

B: Ngày Tết, người Việt Nam thường _____ gì?

A: Phần lớn người Việt Nam _____ _____ làm 'bánh chưng' với

_____.

3. 대화를 듣고 빈칸을 채우세요.

A: Ngày Trung Thu Việt Nam là _____ mấy?

B: _____ 15 _____ 8 theo âm lịch. _____ ở Việt Nam không

_____ vào ngày này.

A: _____ người Việt Nam thường _____ gì?

B: Ngày này người Việt Nam thường _____ với con cái _____ ăn 'bánh

Trung Thu'.

4. 들리는 문장과 그 문장의 뜻이 일치하면 O, 일치하지 않으면 X를 표시하세요.

ⓐ 추석이 곧 다가와요. (　　)

ⓑ 내 생일은 12월 28일이에요. (　　)

ⓒ 한국 설날이 언제예요? (　　)

ⓓ 나는 보통 가족과 놀러 가요. (　　)

5. 질문을 듣고 그 대답으로 적당한 것을 고르세요.

ⓐ Ngày 3 tháng 4.　　　　　ⓑ Tết sắp đến rồi.

ⓒ Tôi thường ăn bánh chưng.　　ⓓ Tôi không làm.

6. 대화를 듣고 내용과 일치하지 않는 것을 고르세요.

ⓐ 여자는 주말에 보통 고향에 가거나 쉰다.

ⓑ 여자는 보통 놀러 가면 고향에 간다.

ⓒ 여자는 보통 친구과 함께 고향에 놀러 간다.

ⓓ 여자의 고향은 달랏시이다.

01 sắp + 동사

sắp은 근접 미래 시제이며 '곧 ~할 것이다'의 의미로 동사 앞에 위치합니다. 곧 일어날 일임을 강조하기 위해 문장 끝에 완료의 의미인 rồi를 함께 쓰기도 합니다.

Tết + sắp + đến = Tết sắp đến.
설날 곧 ~할 것이다 오다   설날이 곧 다가와요.

gia đình tôi + sắp + về quê = Gia đình tôi sắp về quê.
내 가족   곧 ~할 것이다 고향에 가다   내 가족이 곧 고향에 갈 거예요.

họ + sắp + nghỉ = Họ sắp nghỉ.
그들 곧 ~할 것이다 쉬다   그들은 곧 쉴 거예요.

02 khi nào 의문사

의문사 khi nào는 '언제'의 의미로 의문사 bao giờ와도 같은 의미입니다.

Tết + Việt Nam + là + khi nào/bao giờ? = Tết Việt Nam là khi nào/bao giờ?
설날   베트남   ~이다   언제   베트남 설날이 언제예요?

khi nào/bao giờ + là + sinh nhật + của + em? = Khi nào/Bao giờ là sinh nhật của em?
언제   ~이다   생일   ~의   동생   언제가 동생의 생일이야?

이 두 의문사는 문장 맨 앞에 위치하면 미래 시제, 맨 뒤에 위치하면 과거 시제의 의미를 나타냅니다.

미래 시제 khi nào/bao giờ + anh + đi chơi? = Khi nào/Bao giờ anh đi chơi?
언제   형/오빠 놀러 가다   언제 형/오빠는 놀러 갈 거예요?

과거 시제 anh + đi chơi + khi nào/bao giờ? = Anh đi chơi khi nào/bao giờ?
형/오빠 놀러 가다   언제   언제 형/오빠는 놀러 갔어요?

03 날짜

날짜는 일, 월, 년 순이며 숫자는 〈일+숫자〉, 〈월+숫자〉, 〈년+숫자〉 와 같이 뒤에 위치합니다.

hôm nay + là + ngày + mấy? = Hôm nay là ngày mấy?
오늘 ~이다 일 몇   오늘이 며칠이에요?

ngày + 30 + tháng + 3 + năm + 2010 = Ngày 30 tháng 3 năm 2010.
일   월   년   2010년 3월 30일이에요.

> **참고** 숫자가 앞으로 올 경우 '기간'이 됩니다.
> 30 ngày (30일)
> 3 tháng (3개월)
> 2 năm (2년)

04 빈도부사

동사 행위의 빈도를 표현할 때 동사 앞에 빈도부사를 사용합니다.

người Việt Nam + luôn (luôn) + về quê = Người Việt Nam luôn (luôn) về quê.
베트남 사람 / 항상 / 고향에 가다 / 베트남 사람은 항상 고향에 가요.

tôi + hay + uống + trà = Tôi hay uống trà.
나 / 자주 / 마시다 / 차 / 나는 자주 차를 마셔요.

tôi + thường + ngủ + muộn = Tôi thường ngủ muộn.
나 / 보통 / 자다 / 늦은/늦게 / 나는 보통 늦게 자요.

tôi + thỉnh thoảng + đi chơi = Tôi thỉnh thoảng đi chơi.
나 / 가끔 / 놀러 가다 / 나는 가끔 놀러 가요.

tôi + ít khi + mua + bánh = Tôi ít khi mua bánh.
나 / 거의 ~하지 않다 / 사다 / 빵 / 나는 거의 빵을 사지 않아요.

tôi + không bao giờ + khóc = Tôi không bao giờ khóc.
나 / 전혀 ~않는다 / 울다 / 나는 전혀 울지 않아요.

05 hay, hoặc

접속사 hay, hoặc은 '혹은', '또는'의 의미입니다.

tôi + về quê + hay + làm + bánh = Tôi về quê hay làm bánh.
나 / 고향에 가다 / 혹은 / 만들다 / 빵 / 나는 고향에 가거나 빵을 만들어요.

tôi + hát + hoặc + nhảy = Tôi hát hoặc nhảy.
나 / 노래하다 / 혹은 / 춤추다 / 나는 노래하거나 춤춰요.

06 với

với는 '~와/~과'의 의미입니다.

tôi + sống + với + gia đình = Tôi sống với gia đình.
나 / 살다 / ~과 / 가족 / 나는 가족과 살아요.

tôi + nói chuyện + với + bạn = Tôi nói chuyện với bạn.
나 / 대화하다 / ~와 / 친구 / 나는 친구와 대화해요.

1. 다음을 어순에 맞게 바르게 배열하세요.

ⓐ đến / sắp / Tết → _____

ⓑ khi nào / sinh nhật / là / của / em / ? → _____

ⓒ luôn luôn / về quê / Việt Nam / người → _____

ⓓ hát / hoặc / tôi / nhảy → _____

2. 다음 날짜를 베트남어로 바꿔 보세요.

ⓐ 2019년 4월 3일

→ _____

ⓑ 2017년 12월 4일

→ _____

ⓒ 1987년 1월 4일

→ _____

3. 다음 문장을 의문사 **bao giờ** 혹은 **khi nào**를 사용해 한국어 뜻에 맞게 바꿔 보세요.

ⓐ Anh đi chơi.

미래 형/오빠는 언제 놀러 갈 거예요? → _____

ⓑ Anh nghỉ.

과거 형/오빠는 언제 쉬었어요? → _____

ⓒ Chị mua bánh.

미래 언니/누나는 언제 빵을 살 거예요? → _____

đến 오다, 도착하다					
chúc mừng 축하하다					
năm 년(年)					
mới 새로운					
ngày 날, 일(日)					
tháng 월(月)					
theo~ ~에 따라					
nghỉ 쉬다					
làm 하다, 일하다, 만들다					
về quê 고향에 가다					
gia đình 가족					
nhưng 그러나, 하지만					
nghỉ 쉬다					
thế thì 그러면					
đi chơi 놀러 가다					

1 주말, 여가 생활

Q **Cuối tuần bạn thường làm gì?**
꾸오이 뚜언 반 트엉 람 지

Bạn thường làm gì vào cuối tuần? 주말에 보통 뭐 해요? *cuối tuần 주말
반 트엉 람 지 바오 꾸오이 뚜언

- 빈도부사 **thường**(보통) **làm**(하다) **gì**(무엇)이 합쳐지면 '보통 뭐 해요?'의 의미이며 시간을 나타내는 **cuối tuần**(주말)은 문장 맨 뒤에 올 경우 **vào**(~에) 뒤에 와야 해요.

A **Cuối tuần tôi thường đi mua sắm.**
꾸오이 뚜언 또이 트엉 디 무어 쌈

= Tôi thường đi mua sắm vào cuối tuần. 주말에 보통 쇼핑하러 가요.
또이 트엉 디 무어 쌈 바오 꾸오이 뚜언

*mua sắm 쇼핑하다

연습 Cuối tuần tôi thường _____.

단어 **leo núi** [래오 누이] 등산하다 **nghỉ** [응이] 쉬다 **tập thể dục** [떱 테 죽] 운동하다 **đi dạo** [디 자오] 산책하다
đi chơi [디 쩌이] 놀러 가다 **đọc sách** [덥 싸익] 독서하다

Q **Khi mua sắm, bạn thường đi với ai?** 쇼핑할 때, 당신은 보통 누구랑 가요?
키 무어 쌈 반 트엉 디 버이 아이

- **khi**(~할 때) **mua sắm**(쇼핑하다)가 합쳐져 '쇼핑할 때'라는 의미이며, **bạn**(당신) **thường**(보통) **đi**(가다) **với**(~와 함께) **ai**(누구, 누가)와 합쳐지게 되면 누구와 보통 가는지 물어보는 뜻이 됩니다.

A **Tôi thường đi mua sắm với bạn bè.** 나는 보통 친구랑 쇼핑 가요.
또이 트엉 디 무어 쌈 버이 반 배

- **ai**(누구, 누가)는 의문사이므로 **ai** 자리에 사람을 넣어 대답해요. **bạn bè**는 친구의 의미입니다.

연습 Tôi thường _____ với _____.

단어 **gia đình** [지아 딩] 가족 **đồng nghiệp** [돔 응이엡] 동료 **người yêu** [응으어이 이에우] 애인
một mình [몯 밍] 혼자 *một mình은 với를 쓰지 않아요.

Q **Khi mua sắm, bạn thường đi đâu?** 쇼핑하러 갈 때, 당신은 보통 어디에 가요?
키　　무어　　쌈　　　반　　　트엉　　디　　더우

- khi mua sắm(쇼핑할 때) 뒤에 bạn(당신) thường(보통) đi(가다) đâu(어디)가 합쳐져 쇼핑할 때 보통 어디로 가는지 물어보는 표현이 됩니다.

A **Tôi thường đi mua sắm ở siêu thị.** 나는 보통 마트에 쇼핑 가요.
또이　　트엉　　디　무어　　쌈　　어 씨에우　티

연습 Tôi thường _____ ở _____.

단어 **chợ** [쩌] 시장　**trung tâm thương mại** [쭝떰 트엉 마이] 백화점　**công viên** [꼼 비엔] 공원
rạp chiếu phim [잡 찌에우 핌] 영화관　**quán cà phê** [꾸안 까페] 카페　**thư viện** [트 비엔] 도서관

Q **Bạn thường đi mua sắm mấy lần 1 tuần / tháng / năm?**
반　　트엉　　디　무어　　쌈　　머이　런　몯　뚜언　　탕　　　남
보통 일주일/한 달/일 년에 몇 번 쇼핑하러 가요?

- **mấy**(몇) **lần**(번, 회) 뒤에 1 **tuần**(일주일), 1 **tháng**(한 달), 1 **năm**(일 년)이 오게 되면 횟수에 대해 물어볼 수 있어요.

A **Tôi thường đi mua sắm 2 lần 1 tuần.** 나는 보통 1주에 2번 쇼핑 가요.
또이　　트엉　　디　무어　　쌈　하이　런　몯　뚜언

연습 Tôi thường _____ _____ lần 1 _____.

2 때

Q **Khi nào bạn đi du lịch Việt Nam?**
키 나오 반 디 주 릭 비엔 남

= **Bao giờ bạn đi du lịch Việt Nam?** 베트남에 언제 여행 갈 거예요?
바오 지어 반 디 주 릭 비엔 남

Bạn đi du lịch Việt Nam khi nào?
반 디 주 릭 비엔 남 키 나오

= **Bạn đi du lịch Việt Nam bao giờ?** 베트남에 언제 여행 갔어요?
반 디 주 릭 비엔 남 바오 지어

- **khi nào**(언제)와 **bao giờ**(언제)는 문장 맨 앞에 오면 '언제 ~할 거예요?'로 미래에 대해 묻는 의미이고, 문장 맨 끝에 오면 '언제 ~했어요?'로 과거에 대해 묻는 의미가 됩니다. 위의 문장은 **bao giờ**와 **khi nào**가 **đi**(가다) **du lịch**(여행하다)와 합쳐져 미래에 대해 묻는 의미가 되겠죠.

A **2 năm sau.** 2년 후요.
하이 남 싸우

2 năm trước. 2년 전에요.
하이 남 쯔억

3 날짜

Q **Sinh nhật của bạn là ngày mấy?** 당신의 생일은 며칠이에요? *sinh nhật 생일
씽 녇 꾸어 반 라 응아이 머이

- 날짜에 대해 물어볼 때 **ngày**(일) 뒤에 **mấy**(몇)이 합쳐져 '며칠이에요?'라는 의미가 됩니다.

A **Sinh nhật của tôi là ngày 2 8 tháng 12.**
씽 녇 꾸어 또이 라 응아이 하이므어이땀 탕 므어이하이

나의 생일은 12월 28일이에요.

- 날짜는 〈**ngày**(일)＋숫자＋**tháng**(월)＋숫자＋**năm**(년)＋숫자〉로 일, 월, 년 순으로 오며 숫자는 뒤에 위치해야 해요.

Q **Ngày mấy bạn đi công tác?**
응아이　머이　반　디　꼼　딱

= Bạn đi công tác vào ngày mấy? 며칠에 당신은 출장 가요?　*công tác 출장
반　디　꼼　딱　바오　응아이　머이

- '며칠에 ~해?'라고 물어볼 때 **ngày mấy**를 문장 맨 앞에, 맨 끝에 위치하게 될 경우에는 **vào**를 붙여요.

A **Ngày 11 tôi đi công tác.**
응아이　므어이몯 또이　디　꼼　딱

= Tôi đi công tác vào ngày 11. 11일에 나는 출장 가요.
또이　디　꼼　딱　바오　응아이　므어이몯

연습 _____ tôi đi công tác.

4　hay의 쓰임

Q **Bạn hay tập thể dục không?** 당신은 자주 운동해요?
반　하이　떱　테　줍　콤

- **hay**가 동사 **tập thể dục**(운동하다) 앞에 위치하여 빈도부사 '자주'의 의미라는 것을 알 수 있어요.

A **Tôi ít khi tập thể dục vì không có thời gian.**
또이　읻　키　떱　테　줍비　콤　꺼　터이　지안
나는 시간이 없기 때문에 거의 운동을 안 해요.

연습 Tôi _____ tập thể dục. *앞에서 배운 빈도부사를 넣어 보세요.

베트남의 설날은?

베트남에서 최대 중요한 설날은 Tết 혹은 Tết Nguyên Đán(구정 설)이라고 부릅니다. 베트남에서는 음력 설을 쇠며 이때 온 가족, 친지가 모여 설날빵을 만들어 먹습니다. 북부에서는 bánh chưng(녹두, 돼지고기, 찹쌀을 잎에 넣어 쪄서 만든 음식으로 네모난 모양), bánh giầy(곱게 다진 찹쌀과 녹두로 만든 음식)를 주로 먹고 중남부에서는 bánh tét(찹쌀, 기름기 많은 고기, 녹두를 바나나 잎에 쪄서 만든 음식으로 원통형 모양)을 주로 먹습니다. 아이들은 어른들께 설날 아침에 세배를 드리고 붉은 봉투에 들어 있는 세뱃돈(Tiền lì xì)을 받습니다. 새해 덕담 인사로는 'Chúc mừng năm mới'가 있으며 '새해를 축하한다'는 의미입니다.

베트남 설날을 맞이하기 위해서는?

새해를 맞이하는 마음가짐, 행동 또한 중요하다고 여기기 때문에 새해 당일 무채색의 옷보다는 밝은색의 옷을 입습니다. 불운, 실패 병에 관한 이야기는 삼가고 행운, 건강, 부에 관한 덕담을 주고받습니다. 또한 설 전날에 집 청소를 깨끗이 하고 쓰레기를 모두 갖다 버립니다.

베트남의 추석 풍경은?

한국과 마찬가지로 베트남에도 추석이 있습니다. 추석은 'Trung Thu', 즉 '중추'라고 부르는데 한국처럼 공휴일은 아니고 일 년 동안 추수 준비로 바빠 아이들을 잘 돌보지 못한 부모님들이 자식들을 위한 어린이날 행사 정도로 여깁니다. 이날 부모님들은 자식들에게 옷이나 장난감을 사 주거나 놀이 공원 등에 데려갑니다. 우리가 추석에 송편을 먹듯, 베트남 사람들도 추석에 'bánh Trung Thu(추석 빵)'인 월병을 먹습니다.

1. 베트남 설날을 뭐라고 부르나요?

2. 베트남 설날에는 무엇을 만들어 먹나요?

3. 베트남 설날에는 주로 무엇을 하나요?

4. 베트남어로 '새해 복 많이 받으세요'는?

5. 베트남 추석은 몇 월 며칠인가요?

6. 베트남 추석에는 주로 무엇을 하나요?

제6과

음식

학습 목표

· 완료 여부 묻고 답하기 / 미래 시제
· 사물 요청하고 건네기
· 식당에서 주문/계산하기
· 식사 예절

금강산도 식후경! 베트남에는 쌀국수, 분짜 등 우리의 입맛을 사로잡는 음식들이 많이 있죠. 베트남 식당에서 음식을 주문하고 계산하는 방법과 베트남에서 지켜야 할 식사 예절을 함께 알아보아요!

□ 후에(Huế) 카이딩 황제릉(Ứng lăng Khải Định)

음식 주문하기

A: Chị đã gọi món chưa?

B: Chưa. Cho tôi menu. Um... Cho tôi 2 bát bún chả và 2 chai bia 333.

A: Vâng ạ. Chị chờ khoảng 5 phút nhé!

(đang ăn)

B: Em ơi! Cái này là gì?

A: Cái này là 'nước mắm'.

A: 주문하셨어요?

B: 아직이요. 메뉴 주세요. 음… 분짜 두 그릇과 333맥주 두 병 주세요.

A: 네. 5분 정도 기다리세요.

(먹는 중)

B: 저기요! 이것이 뭔가요?

A: 이것은 '생선 소스'입니다.

음식 계산하기

MP3 06_02

A: Nước mắm ngon lắm! Cho tôi thêm cái này. Và tôi sẽ mang về 1 bát bún chả nữa.

B: Dạ, vâng.

(một lát sau)

A: Em ơi! Tính tiền nhé!

B: Chị ăn xong chưa?

A: Rồi.

B: Dạ, tất cả là 100.000 đồng.

A: Tiền đây ạ.

A: 생선 소스가 정말 맛있어요! 이거 더 주세요. 그리고 분짜 한 그릇 더 테이크아웃할 거예요.

B: 네.

(잠시 후)

A: 저기요! 계산해 주세요!

B: 다 드셨어요?

A: 네.

B: 전부 10만 동이에요.

A: 돈 여기 있어요.

녹음을 듣고 따라 하세요.

MP3 06_03

① Chị đã gọi món chưa? (언니/누나는 주문하셨어요?)

- **ăn xong** (언니/누나는 다 먹었어요?)
- **tính tiền** (언니/누나는 계산했어요?)

② Cho tôi menu. (나에게 메뉴를 주세요.)

- **1 chai nữa** (나에게 한 병 더 주세요.)
- **tiền** (나에게 돈 주세요.)

③ Cho tôi thêm cái này. (내가 이것을 추가하게 해 주세요.)

- **gọi món** (내가 주문하게 해 주세요.)
- **mang về** (내가 가져가게 해 주세요.)

④ **Chị chờ khoảng 5 phút nhé!** (언니/누나는 5분 정도 기다리세요!)

┈┈► gọi bún chả (언니/누나는 분짜를 주문하세요!)

┈┈► mang về (언니/누나는 가져가세요!)

⑤ **Tôi sẽ mang về.** (나는 가져갈 거예요.)

┈┈► chờ chị (나는 언니/누나를 기다릴 거예요.)

┈┈► ăn bún chả (나는 분짜를 먹을 거예요.)

⑥ **Tiền đây ạ.** (돈 여기 있어요.)

┈┈► Menu (메뉴 여기 있어요.)

┈┈► Nước mắm (생선 소스 여기 있어요.)

녹음을 듣고 문제를 풀어 보세요.　　🎧 MP3 06_04

1. 들리는 단어를 베트남어로 쓰세요.

a _____　　b _____　　c _____　　d _____

e _____　　f _____　　g _____　　h _____

2. 대화를 듣고 빈칸을 채우세요.

A: Chị đã _____ món _____?

B: _____. _____ menu. Um... _____ 2 bát bún

　 chả _____ 2 chai _____ 333.

A: Vâng ạ. Chị _____ khoảng 5 _____ nhé!

(đang ăn)

B: Em _____! Cái này là _____?

A: Cái này là 'nước mắm'.

3. 대화를 듣고 빈칸을 채우세요.

A: Nước mắm _____ lắm! _____ thêm cái này.

　 _____ tôi _____ mang về 1 bát bún chả _____.

B: Dạ, _____.

(một lát sau)

A: Em _____! Tính tiền _____!

B: Chị ăn xong _____?

A: _____.

B: Dạ, _____ là 100.000 đồng.

A: _____ đây ạ.

4. 들리는 문장과 그 문장의 뜻이 일치하면 O, 일치하지 않으면 X를 표시하세요.

ⓐ 메뉴 주세요. (   )

ⓑ 계산이요! (   )

ⓒ 나는 가져갈 거예요. (   )

ⓓ 돈 여기 있어요. (   )

5. 질문을 듣고 그 대답으로 적당한 것을 고르세요.

ⓐ Tiền đây.

ⓑ Cái này là nước mắm.

ⓒ Rồi.

ⓓ Cho tôi thêm cái này.

6. 대화를 듣고 내용과 일치하지 않는 것을 고르세요. 참고 quán 가게

ⓐ 주문한 음식은 쌀국수이다.

ⓑ 맥주를 한 병 주문했다.

ⓒ 여자는 쌀국수를 한 그릇 더 주문했다.

ⓓ 총 계산 금액은 15만 동이다.

01 (đã) + 동사 + chưa?

'~했어?(안 했어?)' 완료 여부에 대해 물을 때 **(đã) + 동사 + chưa?** 의 표현을 사용하며 과거시제 đã는 생략 가능합니다.

anh + (đã) + kết hôn + chưa? = Anh (đã) kết hôn chưa?
형/오빠 과거 시제 결혼하다 ~했어 형/오빠는 결혼했어요?

긍정 대답 tôi + (đã) + kết hôn + rồi = Tôi (đã) kết hôn rồi.
나 과거 시제 결혼하다 완료 나는 결혼했어요.

부정 대답 tôi + chưa + kết hôn = Tôi chưa kết hôn.
나 아직 ~안 했다 결혼하다 나는 아직 결혼 안 했어요.

부정으로 답변 시 đã는 쓰지 않으며, 간단하게 대답할 경우 Rồi(네)/Chưa(아직이요)로 답할 수 있습니다.

02 cho tôi + 명사

cho tôi 다음에 명사가 올 경우 cho는 '주다'의 의미로 **cho tôi + 명사** 는 '나에게 ~를 주세요'의 의미 입니다. **là(~이다) + 명사** 는 '주어는 명사이다'라는 뜻입니다.

cho tôi + hóa đơn = Cho tôi hóa đơn.
나에게 주세요 영수증 나에게 영수증을 주세요.

cho tôi + tiền thừa = Cho tôi tiền thừa.
나에게 주세요 거스름돈 나에게 거스름돈을 주세요.

cho tôi + 2 cái = Cho tôi 2 cái.
나에게 주세요 2개 나에게 2개를 주세요.

03 cho tôi + 동사

cho tôi 다음에 동사가 올 경우 cho는 사역동사로 '~하게 시키다/만들다'의 의미예요.
따라서 **cho tôi + 동사** 는 '내가 ~하게 해 주세요'의 의미가 됩니다.

cho tôi + xem = Cho tôi xem.
내가 ~하게 해 주세요 보다 내가 보게 해 주세요.

cho tôi + hỏi = Cho tôi hỏi.
내가 ~하게 해 주세요 묻다 내가 묻게 해 주세요.

cho tôi + biết = Cho tôi biết.
내가 ~하게 해 주세요 알다 내가 알게 해 주세요.

04　nhé

문장 끝에 nhé를 붙이면 가벼운 명령이나 제안을 나타내는 '~하세요' 혹은 '~할게요'의 의미가 됩니다.

tôi + mang về + nhé = Tôi mang về nhé!
나　　가지고 가다　~할게요　　　나는 가지고 갈게요!

anh + gọi món + nhé = Anh gọi món nhé!
형/오빠　주문하다　~하세요　　형/오빠는 주문하세요!

chúng ta + đi + ăn + bún chả + nhé = Chúng ta đi ăn bún chả nhé!
우리　　　가다　먹다　분짜　　~해요　　　　우리 분짜 먹으러 가요!

05　시제 đã / 시제 sẽ

시제는 동사 앞에 위치합니다. đã(과거 시제) + 동사 는 '~했다', sẽ(미래 시제) + 동사 는 '~할 것이다'입니다. 이외에 현재진행형 시제인 đang + 동사 '~하는 중이다'도 함께 알아 두세요!

tôi + đã + uống + cà phê = Tôi đã uống cà phê.
나　~했다　마시다　커피　　　나는 커피를 마셨어요.

tôi + đang + uống + cà phê = Tôi đang uống cà phê.
나　~하는 중이다　마시다　커피　　　나는 커피를 마시는 중이에요.

tôi + sẽ + uống + cà phê = Tôi sẽ uống cà phê.
나　~할 것이다　마시다　커피　　　나는 커피를 마실 거예요.

06　명사 + đây

명사 뒤에 đây(여기)가 오면 명사를 건넬 때 '~가 여기 있어요'의 의미가 됩니다. 주로 예의를 갖추기 위해 맨 뒤에 ạ가 함께 옵니다.

thực đơn + đây + ạ = Thực đơn đây ạ.
메뉴　　여기　예의　메뉴 여기 있어요.

tiền thừa + đây + ạ = Tiền thừa đây ạ.
거스름돈　여기　예의　거스름돈 여기 있어요.

hóa đơn + đây + ạ = Hóa đơn đây ạ.
영수증　여기　예의　영수증 여기 있어요.

쓰기 연습

1. 다음을 어순에 맞게 바르게 배열하세요.

ⓐ tôi / cho / thêm / cái này →

ⓑ mang về / sẽ / tôi →

ⓒ anh ấy / đã / 2 / ăn / phở / bát / rồi →

ⓓ ạ / tiền / đây →

2. 다음 문장을 한국어 뜻에 맞게 바꿔 보세요.

ⓐ Anh gọi món.

형/오빠는 주문하셨어요? →

ⓑ Tôi kết hôn.

나는 아직 결혼 안 했어요. →

ⓒ Tôi học xong.

나는 공부가 끝났어요. →

3. 빈칸을 채워 대화를 완성하세요.

ⓐ A : _____ ? 얼마예요?

B : Dạ, tất cả 64.000 đồng. 모두 6만4천 동이에요.

ⓑ A : Anh ăn xong chưa? 다 먹었어요?

B : _____ . 다 먹었어요.

gọi món 주문하다					
chờ 기다리다					
phút 분(分)					
đang+동사 ~하는 중이다					
ngon 맛있는					
thêm 더하다					
và 그리고					
sẽ+동사 ~할 것이다					
mang về 가지고 가다					
nữa 더					
một lát 잠깐, 잠시					
sau 후					
tính tiền 돈을 계산하다					
xong 끝나다					
tất cả 전부, 모두					
tiền 돈					

1 결혼

Q **Bạn (đã) kết hôn chưa? = Bạn (đã) có gia đình chưa?**

= Bạn (đã) lập gia đình chưa? 결혼했어요?

Bạn (đã) lấy vợ chưa? 아내가 있나요?

Bạn (đã) lấy chồng chưa? 남편이 있나요?

- 《(đã)+kết hôn(결혼하다)+chưa?》는 '결혼했어요?'는 kết hôn 대신 có(~가 있다) gia đình(가족) / lập(세우다) gia đình(가족)를 쓸 수 있고 이외에 lấy(갖다) vợ(아내), lấy(갖다) chồng(남편)을 쓸 수 있는데 상대방이 남자일 때, 여자일 때를 구분해서 사용하면 돼요.

A **Rồi. Tôi kết hôn 3 năm rồi.** 네. 나는 결혼한 지 3년 됐어요.

Chưa. Tôi chưa kết hôn. 아직이요. 나는 아직 결혼 안 했어요.

Tôi còn độc thân. 나는 여전히 독신이에요.

- rồi는 완료의 의미로 단답 시 사용하며 kết hôn과 rồi 사이에 기간을 넣을 수 있어요.
- 단답 시 chưa만 사용하고 '아직 ~ 안 했어요'는 chưa 뒤에 kết hôn을 붙여 대답해요.
- còn은 위 문장에서 '여전히'라는 의미이며 độc thân은 '독신'을 뜻해요.

연습 Tôi _____.

2 연애

Q **Bạn (đã) có người yêu chưa?** 애인 있어요?

Bạn (đã) có bạn trai chưa? 남자 친구 있어요?

Bạn (đã) có bạn gái chưa? 여자 친구 있어요?

- có(~가 있다) 뒤에 **người yêu**(애인), **bạn trai**(남자 친구), **bạn gái**(여자 친구)를 넣은 문장들이에요. 애인의 경우 〈**người**(사람)+**yêu**(사랑하다)〉가 합쳐져 사랑하는 사람, 즉 '애인'이라는 의미가 됩니다. 남자 친구와 여자 친구의 경우 이성뿐만 아니라 동성 친구에게도 사용 가능해요.

A **Rồi. Tôi có người yêu / bạn trai / bạn gái rồi.**

네. 나는 애인/남자 친구/여자 친구가 있어요.

Rồi. Tôi làm quen với người yêu / bạn trai / bạn gái 4 tháng rồi. 네. 나는 애인/남자 친구/여자 친구와 사귄 지 넉 달 됐어요.

Chưa. Tôi chưa có người yêu / bạn trai / bạn gái.

아직이요. 나는 아직 애인/남자 친구/여자 친구가 없어요.

- **làm quen với**는 '~와 사귀다'라는 의미예요.

> 만약 기혼 상태에서 이런 질문을 받는다면 '나는 결혼했어요.'로 대답하면 됩니다.

연습 Tôi _____.

3 과거/미래에 대해 얘기하기

Q **Sau khi tốt nghiệp, bạn đã làm gì?** 졸업한 후에, 당신은 뭘 했어요?

- **sau**(후) **khi**(~할 때)가 합쳐져 **sau khi**~는 '~한 후에'라는 의미예요. **tốt nghiệp**(졸업하다)와 합쳐지게 되면 '졸업한 후에'라는 의미가 됩니다.

A **Sau khi tốt nghiệp, tôi đã bắt đầu làm việc ở công ty.**

졸업한 후에 나는 회사에서 일을 시작했어요.   ***bắt đầu** 시작하다

연습 Sau khi tốt nghiệp, tôi đã _____.

Q **Sau khi ra trường, bạn muốn làm gì?** 졸업한 후에, 당신은 뭘 하고 싶어요?

muốn 원하다

Sau khi ra trường, bạn sẽ làm gì? 졸업한 후에, 당신은 뭘 할 거예요?

• **tốt nghiệp** 대신 **ra trường**도 '졸업하다' 의미로 **ra**는 '나가다', **trường**은 '학교'예요.

A **Sau khi ra trường, tôi muốn đi du học ở Việt Nam.**

졸업한 후에, 나는 베트남에 유학 가고 싶어요. *đi du học* 유학 가다

Sau khi ra trường, tôi sẽ xin việc ở công ty.

졸업한 후에, 나는 회사에 취직할 거예요. *xin việc* 취직하다

연습 Sau khi ra trường, tôi _____.

Q **Nếu đi Việt Nam thì bạn sẽ đi đâu?** 만일 베트남에 간다면 당신은 어디 갈 거예요?

• **nếu A thì B**는 '만일 A하면 B하다'의 의미예요.

A **Nếu đi Việt Nam thì tôi sẽ đi Nha Trang.**

만일 베트남에 간다면 나는 냐짱에 갈 거예요.

연습 Nếu đi Việt Nam thì tôi _____.

Q **Nếu đi Việt Nam thì bạn sẽ ở đâu?** 만일 베트남에 간다면 어디에 있을 거예요?

• 미래시제 **sẽ** 뒤에 온 **ở**는 동사로 '~에 있다'의 의미예요.

A **Nếu đi Việt Nam thì tôi sẽ ở khách sạn.**

만일 베트남에 간다면 나는 호텔에 있을 거예요. *khách sạn* 호텔

연습 Nếu đi Việt Nam thì tôi sẽ ở _____.

단어 **ký túc xá** 기숙사 **nhà bạn** 친구 집 **nhà khách** 게스트하우스

4 베트남 음식

Q **Bạn thích món ăn Việt Nam không?** 당신은 베트남 음식을 좋아해요?

A **Tôi rất thích món ăn Việt Nam.** 나는 베트남 음식을 매우 좋아해요.

Tôi hay đi ăn món ăn Việt Nam. 나는 자주 베트남 음식을 먹으러 가요. *hay 자주

Q **Bạn thích món ăn Việt Nam nào nhất?**

당신은 어떤 베트남 음식을 가장 좋아해요?

A **Tôi thích tất cả các món ăn Việt Nam như phở, bún chả vân vân.** 나는 쌀국수, 분짜 등과 같은 모든 베트남 음식들을 좋아해요. *vân vân 등등

Tôi thích tất cả các món ăn Việt Nam trừ rau mùi.

나는 고수를 제외한 모든 베트남 음식들을 좋아해요.

- **tất cả**(모두, 모든) **các**(들) **món ăn**(음식)이 합쳐져 '모든 음식들'이라는 의미가 됩니다. **như**는 '~ 와 같은'이라는 의미로 **như** 뒤에 예시가 될 만한 명사들이 붙을 수 있어요.
- **trừ**는 '~를 제외하고'의 의미예요. 향채의 일종인 고수는 **rau mùi** 대신 **ngò**로 쓸 수 있어요.

[연습] Tôi _____.

Q **Theo bạn, món ăn Việt Nam thế nào?**

당신에 따르면(당신 생각에는) 베트남 음식은 어떤가요? *theo ~에 따르면

A **Theo tôi, món ăn Việt Nam rất ngon.**

나에 따르면(내 생각에는) 베트남 음식은 매우 맛있어요.

[연습] Theo tôi, món ăn Việt Nam _____.

[단어] **chua** 신 **ngọt** 단 **dễ tiêu** 소화가 잘 되는 **hấp dẫn** 매력적인

Q **Giả sử, ví dụ, bạn đi du lịch Việt Nam. Bạn hãy gọi điện đến nhà hàng để đặt bàn.**

당신이 베트남에 여행을 갔어요. 식당 예약을 위해 식당에 전화를 걸어 보세요.

*giả sử 가정하다 **hãy** ~하세요 **gọi điện** 전화를 걸다 **để** ~하기 위해 **đặt bàn** 예약하다

A Nhân viên **Xin chào. Đây là nhà hàng ABC. Nam xin nghe. Tôi có thể giúp gì cho quý khách?**

Khách hàng **Tôi muốn đặt bàn cho hai người.**

Nhân viên **Được ạ. Anh muốn đặt bàn lúc mấy giờ?**

Khách hàng **Khoảng 8 giờ tối. Tôi gọi món trước được không?**

*gọi món 주문하다

Nhân viên **Dạ được. Anh gọi món gì?**

Khách hàng **Chị chuẩn bị 2 tô phở giúp tôi.** **chuẩn bị 준비하다 tô 그릇(남부)*

Nhân viên **OK. Chúng tôi sẽ chuẩn bị.**

Khách hàng **Cảm ơn.**

직원 안녕하세요. 여기는 ABC 식당입니다. Nam 전화 받았습니다. 무엇을 도와드릴까요?

손님 나는 두 명을 예약하고 싶은데요.

직원 됩니다. 몇 시에 예약하고 싶으세요?

손님 대략 저녁 8시요. 먼저 주문할 수 있을까요?

직원 됩니다. 무슨 음식을 주문하시죠?

손님 쌀국수 두 그릇 준비해 주세요.

직원 네. 준비해 놓을게요.

손님 감사합니다.

Q **Giả sử, bạn đang ở nhà hàng Việt Nam. Bạn hãy gọi món.**

가정해 봐요, 당신은 베트남 식당에 있는 중입니다. 주문해 주세요.

A

Nhân viên phục vụ	**Xin chào, anh đi mấy người ạ?**
Khách hàng	**2 người.**
Nhân viên phục vụ	**Vậy vui lòng theo tôi ạ.**

*vậy 그러면 vui lòng ~하시기 바랍니다 theo ~따르다

Khách hàng	**Cho tôi menu. Cho tôi 2 bát phở bò.**
Nhân viên phục vụ	**Anh có cần gì nữa không ạ?**
Khách hàng	**Cho tôi 2 chai bia.**
Nhân viên phục vụ	**Vui lòng chờ một phút.**

서빙 직원	안녕하세요, 몇 분이세요?
손님	2명이요.
서빙 직원	그러면 저를 따라 오세요.
손님	메뉴 주세요. 소고기 쌀국수 2그릇 주세요.
서빙 직원	더 필요하신 것 있으세요?
손님	맥주 2병 주세요.
서빙 직원	잠시 기다려 주십시오.

주문과 계산은 어떻게 할까요?

대부분의 베트남 식당, 카페에서는 주문과 계산 모두 테이블에서 이뤄집니다. 자리에 앉은 후 메뉴판을 보고 주문한 후 나갈 때 역시 직원을 불러 얼마인지 묻고 지불하면 됩니다.

베트남 식사 예절?

베트남에서 연장자와 함께 식사하는 경우 연장자가 먼저 음식을 먹을 때까지 기다려야 합니다. 베트남에서는 한국과 달리 그릇을 손으로 받쳐 들고 먹는 것이 예의라고 생각하기 때문에 베트남에서 식사하는 경우 이 점을 유의해야겠죠?

베트남 지역별 대표 음식

북부에서는 담백하고 가벼우며 약간 신맛이 나는 음식을 즐겨 먹습니다. 가장 대표적인 음식으로는 쌀국수(phở), 분짜(bún chả) 등이 있습니다. 중부에서는 매운 음식을 선호하며 남부에 비해 단맛을 많이 사용하지 않습니다. 중부의 대표적인 음식으로는 분버후에(bún bò Huế), 바잉베오(bánh bèo), 까오러우(cao lầu) 등이 있습니다. 남부의 음식은 비교적 간단하고 만들기 쉬운 음식들이 많습니다. 북부, 중부와는 다르게 코코넛 소스(nước dừa)를 사용한 음식이 많아 맛의 풍미가 좋습니다. 대표적인 음식으로는 거이꾸온(gỏi cuốn), 후띠우 남방(hủ tiếu Nam Vang) 등이 있습니다.

phở

bún chả

bún bò Huế

bánh bèo

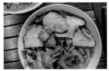

cao lầu

gỏi cuốn

1. '쌀국수 한 그릇 주세요'를 어떻게 말할까요?

2. '테이크아웃할 거예요'를 어떻게 말할까요?

3. 베트남 식당에서 계산할 때 뭐라고 외치면 될까요?

4. 가장 좋아하는 베트남 음식에 대해 소개해 볼까요?

제7과

쇼핑

학습 목표

· 가능 여부 묻고 답하기 / 명령하기
· 시도하기 / 당연한 일에 대해 표현하기
· 가격 묻기 / 흥정하기 / 결제 방법에
  대해 묻고 답하기

여러분은 베트남에 간다면 무엇을 가장 사고 싶은가요? 베트남에서 성공적인 쇼핑을 하기 위해 물건을 사고 흥정하는 법을 배워 보아요!

□ 냐짱(Nha Trang)의 한 해변

가격 묻기

MP3 07_01

A: Cái này bao nhiêu tiền?

B: 1 cái 450.000 đồng.

A: Trời ơi! Đắt quá! Chị giảm giá một chút được không?

B: Không được. Rẻ rồi mà. Giá này là đúng giá.

A: OK. Tôi mặc thử được không?

B: Được chứ. Anh mặc thử đi!

A: 이거 얼마예요?

B: 1개에 45만 동이에요.

A: 아이고! 너무 비싸요! 조금 깎아 줄 수 있어요?

B: 안 돼요. 이미 싸잖아요. 이 가격은 정찰 가격이에요.

A: 알겠어요. 한번 입어 봐도 될까요?

B: 되고 말고요. 한번 입어 보세요!

결제하기

A: Tôi sẽ lấy cái này nhé. Tôi có thể thanh toán bằng thẻ được không?

B: Xin lỗi, không được. Chúng tôi chỉ nhận tiền mặt thôi.

A: Ôi! Trời ơi! Tôi chưa đổi tiền. Ở gần đây có cây ATM không?

B: Không có. Nhưng có tiệm vàng ở đằng kia. Chị có thể đổi tiền ở đó.

A: Vâng. Tôi sẽ trở lại nhé.

A: 저 이걸로 가져갈게요. 카드로 결제할 수 있나요?

B: 죄송합니다, 안 돼요. 우리는 현금만 받아요.

A: 앗! 아이고! 나는 아직 환전을 못 했어요. 여기 근처에 ATM이 있나요?

B: 없어요. 하지만 저쪽에 금은방이 있어요. 거기서 돈을 바꿀 수 있어요.

A: 네. 돌아올게요.

녹음을 듣고 따라 하세요.

MP3 07_03

① Chị giảm giá một chút được không?

(언니/누나는 조금 깎아 줄 수 있어요?)

→ **mặc** (입을 수 있어요?)

→ **trở lại** (돌아올 수/돌아갈 수 있어요?)

② Rẻ rồi mà. (이미 싼데요.)

→ **Đắt** (비싼데요.)

→ **Đúng giá** (정가인데요.)

③ Tôi mặc thử. (나는 한번 입어 봐요.)

→ **đổi** (나는 한번 바꿔 봐요.)

→ **nhận** (나는 한번 받아 봐요.)

④ **Được chứ.** (당연히 되죠.)

┈┈▶ **Mặc** (당연히 입죠.)

┈┈▶ **Rẻ** (당연히 싸죠.)

⑤ **Anh mặc thử đi!** (형/오빠 한번 입어 보세요!)

┈┈▶ **giảm giá** (형/오빠는 가격을 깎으세요!)

┈┈▶ **lấy** (형/오빠는 가져가세요!)

⑥ **Tôi có thể thanh toán bằng thẻ được không?**
(카드로 결제할 수 있나요?)

┈┈▶ **tiền mặt**
(현금으로 결제할 수 있나요?)

┈┈▶ **vàng**
(금으로 결제할 수 있나요?)

녹음을 듣고 문제를 풀어 보세요.

MP3 07_04

1. 들리는 단어를 베트남어로 쓰세요.

a _____　　b _____　　c _____　　d _____

e _____　　f _____　　g _____　　h _____

2. 대화를 듣고 빈칸을 채우세요.

A: Cái này _____ tiền?

B: 1 _____ 450.000 đồng.

A: _____ ơi! _____ quá! Chị _____ _____ một chút _____

　　không?

B: Không _____. _____ rồi _____. Giá này là _____ giá.

A: OK. Tôi _____ thử _____ không?

B: Được _____. Anh _____ thử _____!

3. 대화를 듣고 빈칸을 채우세요.

A: Tôi sẽ _____ cái này nhé. Tôi _____ thanh toán _____ thẻ

　　_____ không?

B: Xin lỗi, không _____. Chúng tôi _____ nhận tiền mặt _____.

A: Ôi! Trời ơi! Tôi chưa _____ tiền. Ở _____ có cây ATM không?

B: Không _____. Nhưng _____ tiệm vàng _____ đằng kia.

　　Chị _____ đổi tiền ở đó.

A: Vâng. Tôi sẽ _____ nhé.

4. 들리는 문장과 그 문장의 뜻이 일치하면 O, 일치하지 않으면 X를 표시하세요.

ⓐ 나 한번 입어 봐도 돼요? (　　　)

ⓑ 너무 비싼데요! (　　　)

ⓒ 한번 입어 보세요! (　　　)

ⓓ 당연히 싸죠. (　　　)

5. 질문을 듣고 그 대답으로 적당한 것을 고르세요.

ⓐ Không có.　　　　　　　ⓑ Rẻ quá!

ⓒ 1 cái 55.000 đồng.　　　ⓓ Không được.

6. 대화를 듣고 내용과 일치하지 않는 것을 고르세요.

ⓐ 남자는 옷을 사려고 한다.

ⓑ 남자는 가격을 깎아 달라고 한다.

ⓒ 남자는 현금으로 계산할 것이다.

ⓓ 주인은 카드로 계산해 달라고 한다.

01 được

동사 + được 은 '~할 수 있다' 즉, 가능의 의미를 나타내며 có thể + 동사 도 같은 의미입니다.
có thể와 được을 동시에 쓸 수도 있습니다.

anh + đeo + được = Anh đeo được. = anh + có thể + đeo = Anh có thể đeo.
형/오빠 착용하다 ~할 수 있다 형/오빠는 착용할 수 있어요. 형/오빠 ~할 수 있다 착용하다 형/오빠는 착용할 수 있어요.

= anh + có thể + đeo + được = Anh có thể đeo được.
형/오빠 ~할 수 있다 착용하다 ~할 수 있다 형/오빠는 착용할 수 있어요.

불가능 anh + không + mang + được = Anh không mang được.
형/오빠 부정 신다 ~할 수 있다 형/오빠는 신을 수 없어요.

= anh + không thể + mang + được = Anh không thể mang được.
형/오빠 ~할 수 없다 신다 ~할 수 있다 형/오빠는 신을 수 없어요.

02 mà

문장 끝에 mà를 붙여 '~하는데', '~하잖아'의 의미로 문장 전체를 강조할 수 있습니다.

đúng giá + mà = Đúng giá mà.
정가 ~인데 정가인데요.

hết tiền + rồi + mà = Hết tiền rồi mà.
돈을 다 쓰다 완료 ~인데 돈을 다 썼는데요.

tôi + mua + nhiều + mà = Tôi mua nhiều mà.
나 사다 많이 ~인데 나는 많이 사는데요.

03 thử

thử는 동사 앞 혹은 동사 뒤에 붙어 '한번 ~해 보다'의 의미를 나타냅니다.

tôi + muốn + làm + thử = Tôi muốn làm thử.
나 원하다 하다 한번 ~해 보다 나는 한번 해 보고 싶어요.

tôi + muốn + đội + thử = Tôi muốn đội thử.
나 원하다 (모자를) 쓰다 한번 ~해 보다 나는 한번 써 보고 싶어요.

tôi + muốn + xem + thử = Tôi muốn xem thử.
나 원하다 보다 한번 ~해 보다 나는 한번 봐 보고 싶어요.

chứ

동사, 형용사 뒤에 chứ를 붙여 '당연히 ~하죠' 혹은 '당연히 ~하죠?(의문)'의 의미를 나타냅니다.

có + chứ = **Có** chứ. / **Có** chứ?
있다 당연히 ~하죠　　당연히 있죠. / 당연히 있죠?

bán + chứ = **Bán** chứ. / **Bán** chứ?
팔다 당연히 ~하죠　　당연히 팔죠. / 당연히 팔죠?

tuyệt + chứ = **Tuyệt** chứ. / **Tuyệt** chứ?
멋있는 당연히 ~하죠　　당연히 멋있죠. / 당연히 멋있죠?

đi

동사 뒤에 đi를 붙이면 '~해라' 혹은 '~하자'의 의미를 나타냅니다.

em + **giảm giá** + đi = **Em giảm giá** đi!
동생　　가격을 깎다　~해라　　동생은 가격을 깎아라!

chúng ta + **mua sắm** + đi = **Chúng ta mua sắm** đi!
　우리　　　쇼핑하다　~하자　　　우리 쇼핑하자!

chị + **mặc thử** + đi + ạ = **Chị mặc thử** đi ạ!
언니/누나 한번 입어 보다 ~해라 예의　언니/누나는 한번 입어 봐요!

bằng

bằng은 '~로'의 의미로 뒤에 수단과 관련된 단어가 옵니다.

tôi + **thanh toán** + bằng + **đô la** = **Tôi thanh toán** bằng **đô la.**
　나　　결제하다　　~로　　달러　　　　나는 달러로 결제해요.

tôi + **đi** + bằng + **xe máy** = **Tôi đi** bằng **xe máy.**
　나　가다　~로　오토바이　　나는 오토바이로 가요.

tôi + **ăn** + bằng + **nĩa** = **Tôi ăn** bằng **nĩa.**
　나　먹다　~로　포크　　나는 포크로 먹어요.

1. 다음을 어순에 맞게 바르게 배열하세요.

ⓐ đeo / chị / được / có thể → _____

ⓑ tôi / mặc / không thể / được → _____

ⓒ nhiều / tôi / mua / mà → _____

ⓓ ăn / nĩa / tôi / bằng → _____

2. 다음 문장을 한국어 뜻에 맞게 바꿔 보세요.

ⓐ Chúng ta đi mua sắm.

우리 쇼핑 가자! → _____

ⓑ Tôi mặc.

나 입어 봐도 돼요? → _____

ⓒ Chúng tôi bán cái này.

우리는 당연히 이것을 팔지요. → _____

3. 빈칸을 채워 대화를 완성하세요.

ⓐ A: 1 cái bao nhiêu _____? 한 개에 얼마예요?

B: 100.000 đồng. 10만 동이에요.

ⓑ A: Đắt quá! 너무 비싸요!

B: Không đắt _____. 안 비싼데요.

trời 하늘					
đắt 비싼					
giảm giá 가격을 깎다					
một chút 조금, 약간					
rẻ 싼					
đúng giá 정가					
mặc 입다					
lấy 갖다, 취하다					
thanh toán 결제하다					
thẻ 카드					
nhận 받다					
tiền mặt 현금					
đổi 바꾸다					
gần đây 근처					
đằng kia 저쪽					
trở lại 돌아오다, 돌아가다					

1 가능

Q **Bạn nói được tiếng Việt không?** 베트남어를 말할 수 있어요?

- **nói**(말하다) 뒤에 가능의 의미인 **được**(~할 수 있다)이 합쳐져 **nói được**은 '말할 수 있다'라는 의미가 되고 문장 끝에 **không**을 붙여 의문문이 됩니다. **tiếng Việt**은 '베트남어'라는 의미로 **tiếng** 뒤에 국가명이 오면 '~어'라는 의미가 됩니다. **Việt Nam**(베트남), **Hàn Quốc**(한국), **Nhật Bản**(일본), **Trung Quốc**(중국)의 경우 **tiếng** 뒤에 올 때 앞 글자만 따서 사용해요.

A **Vâng / Được. Tôi nói được tiếng Việt.**

네/가능해요. 나는 베트남어를 할 수 있어요.

Vâng / Được. Tôi nói được tiếng Việt một chút.

네/가능해요. 나는 베트남어를 조금 할 수 있어요. ***một chút** 조금, 약간

- 불가능한 경우 '**Không.**(아니요.) / **Không được.**(불가능해요.)'로 간단하게 대답할 수도 있어요. **Tôi không nói được tiếng Việt.** 혹은 **Tôi không thể nói được tiếng Việt.**처럼 장문으로 대답하기도 해요. 하지만 여러분들은 이런 대답을 할 일이 없을 거라고 믿습니다!

Q **Bạn nói được tiếng gì?** 무슨 언어를 말할 수 있어요? ***tiếng** 어(語)

Bạn nói được ngoại ngữ gì? 무슨 외국어를 말할 수 있어요? ***ngoại ngữ** 외국어

A **Tôi nói được tiếng Hàn, tiếng Việt và tiếng Anh.**

나는 한국어, 베트남어 그리고 영어를 할 수 있어요.

- 여러 명사를 열거해야 할 경우 **A, B và**(그리고) **C**와 같이 **và** 뒤에 한 개를 써 주면 됩니다. 영어의 경우 미국(**Mỹ**)가 아닌 영국(**Anh**)을 써서 **tiếng Anh**이라고 해야 해요.

A **Tôi chỉ nói được tiếng Việt (một chút) thôi.**

나는 단지 베트남어만 (조금) 할 수 있어요.

- **chỉ ~ thôi**는 '단지 ~할 뿐이다'라는 의미예요.

연습 Tôi nói được _____.

단어 **tiếng Anh** 영어 **tiếng Trung** 중국어 **tiếng Nhật** 일본어 **tiếng Đức** 독일어

Q **Bạn có thể nói mấy ngoại ngữ?** 몇 개의 외국어를 말할 수 있어요?

- 가능의 의미로 만들기 위해서 동사 뒤에 **được**을 붙이는 방법 외에 동사 앞에 **có thể**를 붙이는 방법도 있습니다. **có thể**(~할 수 있다) **nói**(말하다) **mấy**(몇) **ngoại ngữ**(외국어)를 합쳐 '몇 개의 외국어를 말할 수 있어요?'라는 의미가 됩니다.

A **Tôi có thể nói 2 ngoại ngữ.** 나는 2개의 외국어를 말할 수 있어요.

2   환전

Q **Khi đổi tiền, bạn thường đổi tiền ở đâu?**

환전할 때, 당신은 보통 어디에서 환전해요?

Khi đổi tiền, bạn có thể đổi tiền ở đâu?

환전할 때, 당신은 어디에서 환전할 수 있어요?

- **khi**(~할 때) **đổi tiền**(환전하다)가 합쳐져 '환전할 때'의 의미예요. **thường**(보통) **đổi tiền**(환전하다) **ở**(~에서) **đâu**(어디)가 뒤에 붙어 보통 어디에서 환전하는지 물어보는 표현이 됩니다.

A **Khi đổi tiền, tôi thường đổi tiền ở tiệm vàng.**

환전할 때, 나는 보통 금은방에서 환전해요.

Khi đổi tiền, tôi có thể đổi tiền ở tiệm vàng.

환전할 때, 나는 금은방에서 환전할 수 있어요.

연습 Khi đổi tiền, tôi thường đổi tiền ở _____.

단어 **sân bay** 공항   **ngân hàng** 은행   **tiệm đổi tiền** 환전소   **khách sạn** 호텔

3 결제 방식

Q **Bạn thường thanh toán bằng gì?** 당신은 보통 무엇으로 결제하나요?

Bạn thích thanh toán bằng thẻ hay tiền mặt?

당신은 카드로 결제하는 것을 좋아해요? 아니면 현금으로 결제하는 것을 좋아해요?

A **Tôi thường thanh toán bằng thẻ.** 나는 보통 카드로 결제해요.

Tôi thích thanh toán bằng tiền mặt. 나는 현금으로 결제하는 것을 좋아해요.

4 쇼핑

Q **Bạn thường mua sắm ở đâu?** 보통 어디에서 쇼핑해요?

Bạn thường thích mua sắm ở đâu nhất?

보통 어디에서 쇼핑하는 것을 가장 좋아해요?

A **Tôi thường mua sắm ở siêu thị.** 나는 보통 마트에서 쇼핑해요. *siêu thị 마트

Tôi thích mua sắm trên mạng nhất.

나는 인터넷에서 쇼핑하는 것을 가장 좋아해요.

연습 Tôi thường mua sắm ở _____.

단어 **chợ** 시장 **trung tâm thương mại** 백화점

Q **Siêu thị và chợ, bạn thích mua sắm ở đâu hơn?**

마트와 시장 중에, 어디에서 쇼핑하는 것을 더 좋아해요?

• 문장 맨 끝에 **hơn**(더 ~한)을 붙여 앞에 제시한 두 장소 중 어느 곳이 더 좋은지 물어볼 수 있어요.

A **1. Tôi thích mua sắm ở siêu thị.** 나는 마트에서 쇼핑하는 것을 좋아해요.

Vì mua sắm ở siêu thị tiện hơn. 왜냐하면 마트에서 쇼핑하는 것이 더 편리해서요.

2. Tôi thích mua sắm ở chợ. 나는 시장에서 쇼핑하는 것을 좋아해요.

Vì mua sắm ở chợ rẻ hơn. 왜냐하면 시장에서 쇼핑하는 것이 더 싸서요.

연습 Tôi thích _____. Vì _____.

Q **Đi mua sắm trực tiếp và mua sắm trên mạng, bạn thích cách nào hơn?** 직접 쇼핑하러 가는 것과 인터넷으로 쇼핑하는 것 중 어느 방법을 더 좋아해요?

*trực tiếp 직접의 cách 방법

A **1. Tôi thích mua sắm trực tiếp ở chợ hoặc siêu thị.**

나는 시장이나 마트에 직접 쇼핑하러 가는 것을 좋아해요.

Vì tôi có thể xem sản phẩm trực tiếp nên an toàn hơn.

왜냐하면 상품을 직접 볼 수 있기 때문에 더 안전하기 때문이에요. *sản phẩm 상품 an toàn 안전한

2. Tôi thích mua sắm trên mạng. 나는 인터넷에서 쇼핑하는 것을 좋아해요.

Vì giá cả rẻ hơn và có thể so sánh với nhiều loại sản phẩm.

왜냐하면 가격이 더 싸고 많은 종류의 상품과 비교할 수 있기 때문이에요.

- **giá cả**(가격) **rẻ**(싼) **hơn**(더)가 합쳐져 '가격이 더 싸다'라는 의미이며. **có thể**(~할 수 있다) **so sánh**(비교하다) **với**(~와) **nhiều**(많은) **loại**(종류) **sản phẩm**(상품)과 합쳐진 문장입니다.

연습 Tôi thích _____.

Vì _____.

베트남에서 흥정, 꼭 해야 할까요?

마트나 백화점과 같이 정찰 가격 시스템이 아닌 시장이나 쇼핑센터에서는 한 번쯤 흥정해 볼 것을 추천합니다. 특히 외국인이 많이 방문하는 곳일수록(이런 곳은 보통 한국어를 간단하게나마 구사하는 직원이 있죠.) 가격을 높게 부르는 경우가 많아 바가지 가격으로 물건을 구매할 가능성이 있습니다.

베트남에서 살 만한 기념품은?

커피 생산국 세계 2위인 만큼 베트남의 커피는 한국인에게 인기가 좋습니다. 특히 G7이라는 커피가 잘 알려져 있고 한국 대형 마트에서도 쉽게 살 수 있는 제품이기는 하나 베트남에서 살 경우 값싼 가격에 다양한 종류의 커피 구매가 가능합니다. 커피뿐만 아니라 베트남 달랏에서 생산한 달랏 와인도 값싼 가격에 비해 향과 맛이 좋은 편이며 발효 방식으로 만든 베트남 전통술인 Nếp mới도 베트남만의 고유한 맛을 지닌 술이라고 할 수 있습니다.

베트남 사람들이 좋아하는 한국 제품?

베트남 사람들은 하얀 피부를 미의 기준으로 생각하기 때문에 미백 기능이 들어간 한국 화장품을 굉장히 선호합니다. 먹거리로는 한국의 '김'을 굉장히 좋아하며 고가의 제품 중에서 가장 인기 있는 제품은 한국의 '인삼'입니다.

베트남에서 환전은 필수?

베트남은 아직 카드 결제가 보편화되어 있지 않아 호텔이나 고급 레스토랑을 제외한 장소에서는 현금으로 지불해야 하기 때문에 환전이 필요합니다. 환전은 환전소나 금은방, 은행, 공항에서 가능하나 환전소나 금은방이 은행이나 공항보다 환율 우대를 해 주는 편입니다.

1. '이거 얼마예요?'를 어떻게 말할까요?

2. 베트남어로 '조금 깎아 줄 수 있어요?'를 어떻게 말하나요?

3. 베트남에서 살 만한 기념품은?

4. 베트남 사람들이 좋아하는 한국 제품은?

5. 베트남에서 환전할 수 있는 장소는?

교통

학습 목표

· 경험/소요 시간 묻고 답하기
· 우등 비교 표현
· 교통수단 이용하기

베트남 도로 위의 끝없이 펼쳐지는 오토바이 물결을 보고 있자면 놀라움을 금할 수 없는데요. 베트남에는 주 교통수단인 오토바이 외에 어떤 교통수단이 있을까요? 교통수단과 이동 소요 시간에 관해 묻고 답하는 표현 등 교통에 관한 내용을 이번 과에서 배워 보도록 합시다!

□ 달랏(Đà Lạt) 근처의 퐁고르 폭포(Thác Pongour)

베트남 교통수단

MP3 08_01

A: Chị đã đi xe ôm bao giờ chưa?

B: Chưa. Xe ôm là gì?

A: Xe ôm giống như taxi xe máy. Xe ôm vừa rẻ vừa nhanh.

  Thế thì chị đã đi xích lô bao giờ chưa?

B: Rồi. Tôi đã đi xích lô một lần ở Nha Trang rồi.

A: Theo tôi, xích lô chậm và bất tiện hơn xe máy.

B: Đúng rồi. Nhưng xích lô hay mà!

A: 쌔옴을 타 본 적 있어요?

B: 아직이요. 쌔옴이 뭐예요?

A: 쌔옴은 오토바이 택시와 같아요. 쌔옴은 싸면서 빨라요.
  그러면 씨클로는 타 본 적 있어요?

B: 네. 냐짱에서 씨클로 한번 타 봤어요.

A: 내 생각에는 씨클로는 오토바이보다 느리고 불편해요.

B: 맞아요. 하지만 씨클로는 재밌는데요!

소요 시간 묻기

MP3 08_02

A: Anh ơi! Cho tôi đến Hồ Hoàn Kiếm. À! Anh mở cốp xe giúp tôi.

B: Ok.

A: Từ đây đến Hồ Hoàn Kiếm mất bao lâu?

B: Mất khoảng 2 tiếng. Nhưng giờ này bị tắc đường nhiều nên sẽ mất lâu hơn 2 tiếng.

(khoảng 2 tiếng sau)

B: À! Tôi muốn ghé vào khách sạn trước. Xuống đây nhé!

A: 저기요! 호안끼엠 호수로 데려다 주세요. 아! 차 트렁크를 열어 주세요.

B: 네.

A: 여기서부터 호안끼엠 호수까지 얼마나 걸려요?

B: 약 2시간 걸려요. 하지만 이 시간대에 교통 체증이 너무 심해서 2시간 이상 걸릴 거예요.

(약 2시간 후)

B: 아! 저는 호텔에 먼저 들르고 싶어요. 여기서 내려 주세요!

녹음을 듣고 따라 하세요.

MP3 08_03

① **Chị đã đi xe ôm bao giờ chưa?** (언니/누나는 쌔옴을 타 본 적 있어요?)

- đi xích lô (언니/누나는 씨클로를 타 본 적 있어요?)
- đi xe máy (언니/누나는 오토바이를 타 본 적 있어요?)

② **Xe ôm vừa rẻ vừa nhanh.** (쌔옴은 싸면서 빨라요.)

- chậm　bất tiện (쌔옴은 느리면서 불편해요.)
- hay　tiện (쌔옴은 재밌으면서 편해요.)

③ **Xích lô bất tiện hơn xe máy.** (씨클로는 오토바이보다 더 불편해요.)

- chậm (씨클로는 오토바이보다 더 느려요.)
- rẻ (씨클로는 오토바이보다 더 싸요.)

④ **Anh mở cốp xe giúp tôi.** (형/오빠는 (나를 위해) 차 트렁크를 열어 주세요.)

- ► **đi chậm** (형/오빠는 (나를 위해) 천천히 가 주세요.)
- ► **đi khách sạn** (형/오빠는 (나를 위해) 호텔로 가 주세요.)

⑤ **Từ đây đến Hồ Hoàn Kiếm mất bao lâu?**

(여기에서부터 호안끼엠 호수까지 얼마나 걸려요?)

- ► **đây   khách sạn** (여기에서부터 호텔까지 얼마나 걸려요?)
- ► **Hàn Quốc   Việt Nam** (한국에서부터 베트남까지 얼마나 걸려요?)

⑥ **Tôi ghé trước.** (나는 먼저 들러요.)

- ► **giúp em ấy** (나는 그 동생을 먼저 도와요.)
- ► **xuống** (나는 먼저 내려요.)

듣기
연습

녹음을 듣고 문제를 풀어 보세요.

MP3 08_04

1. 들리는 단어를 베트남어로 쓰세요.

a _____   b _____   c _____   d _____

e _____   f _____   g _____   h _____

2. 대화를 듣고 빈칸을 채우세요.

A: Chị _____ đi xe ôm _____?

B: _____. Xe ôm là gì?

A: Xe ôm _____ như taxi _____. Xe ôm vừa _____ vừa _____.

   Thế thì chị _____ đi xích lô _____?

B: _____. Tôi đã _____ xích lô một lần ở Nha Trang _____.

A: _____ tôi, xích lô chậm _____ bất tiện hơn _____.

B: _____ rồi. _____ xích lô _____ mà!

3. 대화를 듣고 빈칸을 채우세요.

A: Anh ơi! Cho tôi _____ Hồ Hoàn Kiếm. À! Anh mở cốp xe _____ tôi.

B: Ok.

A: _____ đây _____ Hồ Hoàn Kiếm mất _____?

B: Mất khoảng 2 _____. _____ giờ này _____ nhiều nên

   sẽ mất lâu hơn 2 _____.

(... khoảng 2 tiếng sau)

B: À! Tôi muốn _____ vào khách sạn _____. _____ đây nhé!

4. 들리는 문장과 그 문장의 뜻이 일치하면 O, 일치하지 않으면 X를 표시하세요.

    ⓐ 씨클로는 느리면서 불편해요. (   )

    ⓑ 택시와 오토바이는 같지 않아요. (   )

    ⓒ 대략 1시간 걸려요. (   )

    ⓓ 여기서 내려요. (   )

5. 질문을 듣고 그 대답으로 적당한 것을 고르세요.

    ⓐ 2 tiếng.   ⓑ Chưa.

    ⓒ Cho tôi đến khách sạn.   ⓓ Đúng rồi.

6. 대화를 듣고 내용과 일치하지 않는 것을 고르세요. 참고 gần 가까운

    ⓐ 여자는 베트남 인력거를 타 본 적이 없다.

    ⓑ 남자는 베트남 인력거에 대해 부정적인 생각을 갖고 있다.

    ⓒ 여기서부터 호텔까지 한 시간 걸린다.

    ⓓ 지금은 러시아워이다.

01 đã + 동사 + bao giờ chưa?

경험 유무에 대해 물을 때 과거 시제 đã + 동사 뒤에 bao giờ chưa?를 붙여 '~해 본 적 있어요?'의 의미를 나타냅니다.

chị + đã + lên + thuyền + bao giờ chưa? = Chị đã lên thuyền bao giờ chưa?
언니/누나 과거 시제 타다   배   ~해 본 적 있어요?   언니/누나는 배를 타 본 적 있어요?

긍정 대답 tôi + đã + lên + thuyền + rồi = Tôi đã lên thuyền rồi.
나 과거 시제 타다   배   완료   나는 배를 타 봤어요.

부정 대답 tôi + chưa bao giờ + lên + thuyền = Tôi chưa bao giờ lên thuyền.
나 아직 ~해 본 적 없다   타다   배   나는 아직 배를 타 본 적 없어요.

*부정으로 답변 시 đã는 쓰지 않고, chưa bao giờ만 동사 앞에 붙입니다.
*간단하게 대답할 경우 Rồi(네)/Chưa(아직이요)로 답변 가능합니다.

02 vừa~ vừa~

vừa~ vừa~는 '~하면서 ~하다'의 의미로 동시 동작, 상태를 나타냅니다.

anh + vừa + đẹp trai + vừa + to lớn = Anh vừa đẹp trai vừa to lớn.
형/오빠   잘생긴   체격이 큰   형/오빠는 잘생기면서 체격이 커요.

tàu điện ngầm + vừa + rẻ + vừa + tiện = Tàu điện ngầm vừa rẻ vừa tiện.
지하철   싼   편리한   지하철이 싸면서 편리해요.

anh ấy + vừa + chờ + tắc xi + vừa + xem + điện thoại
그 형/그 오빠   기다리다 택시   보다   휴대폰

= Anh ấy vừa chờ tắc xi vừa xem điện thoại. 그 형/그 오빠는 택시를 기다리면서 휴대폰을 봐요.

03 형용사 + hơn

형용사 뒤에 hơn을 붙여 '더 ~한'의 의미를 나타내며 hơn 뒤에 비교 대상이 들어가 형용사 + hơn
+ 비교 대상 이 될 경우 '~보다 더 ~한'의 의미가 됩니다.

máy bay + tiện + hơn = Máy bay tiện hơn.
비행기   편리한   더 ~한   비행기가 더 편리해요.

máy bay + tiện + hơn + tàu hỏa = Máy bay tiện hơn tàu hỏa.
비행기   편리한 ~보다 더 ~한 기차   비행기가 기차보다 더 편리해요.

xe nằm + thoải mái + hơn + xe ngồi = Xe nằm thoải mái hơn xe ngồi.
슬리핑 버스   편안한   ~보다 더 ~한 좌석 버스   슬리핑 버스가 좌석 버스보다 더 편안해요.

04 　동사 + giúp tôi

giúp(돕다) tôi(나)를 동사 뒤에 붙이면 '～해 주세요'의 의미로 상대방에게 요청, 부탁하는 의미를 나타냅니다.

anh + đi thẳng + giúp tôi = **Anh đi thẳng** giúp tôi.
형/오빠　　직진하다　　~해 주세요　　　형/오빠는 직진해 주세요.

anh + rẽ trái + giúp tôi = **Anh rẽ trái** giúp tôi.
형/오빠　　좌회전하다　　~해 주세요　　　형/오빠는 좌회전해 주세요.

anh + rẽ phải + giúp tôi = **Anh rẽ phải** giúp tôi.
형/오빠　　우회전하다　　~해 주세요　　　형/오빠는 우회전해 주세요.

05 　mất bao lâu?

'mất(시간이 걸리다)와 bao lâu(얼마나 오래)가 함께 쓰이면 '얼마나 오래 걸려요?'가 되어 소요 시간에 대해 묻는 의미를 나타냅니다. 주로 앞에 '～에서부터 ～까지'인 **từ + 장소 + đến + 장소** 가 옵니다.

từ + đây + đến + đó + mất bao lâu? = **Từ đây đến đó** mất bao lâu?
~에서부터 여기　~까지　거기　얼마나 걸려요?　　여기에서부터 거기까지 얼마나 걸려요?

từ + khách sạn + đến + sân bay + mất bao lâu?
~에서부터　호텔　~까지　공항　얼마나 걸려요?
= **Từ khách sạn đến sân bay** mất bao lâu? 호텔에서부터 공항까지 얼마나 걸려요?

từ + miền Bắc + đến + miền Nam + mất bao lâu?
~에서부터　북부　~까지　남부　얼마나 걸려요?
= **Từ miền Bắc đến miền Nam** mất bao lâu? 북부에서부터 남부까지 얼마나 걸려요?

06 　동사 + trước

trước 은 '전(前)'의 의미로 동사 뒤에 위치할 경우 '먼저 ～하다'의 의미를 나타냅니다.

tôi + đặt vé + trước = **Tôi đặt vé** trước.
나　표를 예약하다　먼저　나는 먼저 표를 예약해요.

tôi + đỗ xe + trước = **Tôi đỗ xe** trước.
나　주차하다　먼저　나는 먼저 주차해요.

tôi + xuống + trước = **Tôi xuống** trước.
나　내리다　먼저　나는 먼저 내려요.

1. 다음을 어순에 맞게 바르게 배열하세요.

ⓐ vừa / tàu điện ngầm / rẻ / tiện / vừa →

ⓑ anh / giúp / đi thẳng / tôi →

ⓒ trước / tôi / đặt vé →

ⓓ tiện / hơn / máy bay →

2. 다음 문장을 한국어 뜻에 맞게 바꿔 보세요.

ⓐ Anh lên thuyền.

형/오빠는 배를 타 본 적 있어요? →

ⓑ Xe nằm thoải mái.

슬리핑 버스가 더 편안해요. →

ⓒ Anh rẽ trái.

형/오빠는 좌회전해 주세요. →

3. 빈칸을 채워 대화를 완성하세요.

ⓐ A : Anh đã đi xích lô _____ ? 씨클로를 타 본 적 있어요?

B : Rồi. Tôi đã đi xích lô rồi. 네. 나는 씨클로를 타 봤어요.

ⓑ A : Từ đây đến đó _____ ? 여기서부터 거기까지 얼마나 걸려요?

B : Mất 3 tiếng. 3시간 걸려요.

giống như~ ~와 같다				
xe máy 오토바이				
vừa~ vừa~ ~하면서 ~하다				
rẻ 싼				
nhanh 빠른, 빨리				
thế thì 그러면				
lần 번, 회				
theo~ ~에 따르면				
chậm 느린				
bất tiện 불편한				
mở 열다				
giúp 돕다				
bao lâu 얼마나 오래				
bị tắc đường 교통 정체에 걸리다				
khách sạn 호텔				
xuống 내리다				

1 교통수단

Q **Bạn thích đi học / đi làm bằng gì nhất?**

당신은 뭐 타고 공부하러/일하러 가는 것을 가장 좋아해요?

Bạn thích phương tiện giao thông nào nhất?

당신은 어느 교통 수단을 가장 좋아해요? *phương tiện 수단 giao thông교통

Khi đi lại, bạn thường đi bằng gì?

이동할 때, 당신은 보통 뭐 타고 가요? *đi lại 이동하다

Bạn đến trường / đến công ty bằng cách nào?

학교/회사에 어느 방법으로 가요?

- đi(가다) bằng(~로) gì(무슨, 무엇)이 합쳐져 '무엇으로 가는 것', 즉 '뭐 타고 가는 것'이라는 의미가 됩니다. đi 뒤에 học이나 làm이 오면 각각 '공부하러', '일하러'의 의미가 되겠죠.
- 학교와 회사는 đi(가다) 대신 đến(오다, 도착하다)로 '학교에 가다(đến trường)', '회사에 가다(đến công ty)'를 표현합니다. bằng(로) cách(방법) nào(어느)가 합쳐져 '어느 방법으로'라는 의미가 되겠습니다.

A **Tôi thích đi bằng xe buýt nhất.** 나는 버스 타고 가는 것을 가장 좋아해요.

Tôi thích xe buýt nhất. 나는 버스를 가장 좋아해요.

Khi đi lại, tôi thường đi xe buýt. 이동할 때, 나는 보통 버스로 가요.

연습 Tôi thích đi bằng _____.

단어 **xe buýt** 버스 **xe ô tô**(북)/**xe hơi** 자동차 **tắc xi** 택시 **tàu điện ngầm** 지하철 **xe đạp** 자전거
máy bay 비행기 **thuyền** 배

Q Ở Hàn Quốc phương tiện giao thông nào phổ biến nhất?

한국에서 어떤 교통 수단이 가장 보편적이에요? *phổ biến 보편적인

Bạn có biết phương tiện giao thông nào phổ biến nhất ở Việt Nam không? 베트남에서 어떤 교통 수단이 가장 보편적인지 알아요?

- biết(알다)의 의문문 형태인 có biết ~ không?의 목적어 자리에 phương tiện giao thông nào phổ biến nhất(어떤 교통 수단이 가장 보편적이야?)가 들어간 형태입니다.

A Ở Hàn Quốc xe ô tô phổ biến nhất. 한국에서 자동차가 가장 보편적이에요.

Ở Việt Nam xe máy phổ biến nhất. 베트남에서 오토바이가 가장 보편적이에요.

연습 Ở Hàn Quốc _____ phổ biến nhất.

Ở Việt Nam _____ phổ biến nhất.

2 소요 시간/거리

Q Từ nhà bạn đến trường / công ty mất bao lâu?

당신 회사에서부터 학교/회사까지 얼마나 걸려요?

- từ~ đến~(~부터 ~까지) 장소 자리에 nhà bạn(당신 집)과 trường bạn(당신 학교)/công ty bạn(당신 회사)가 각각 들어간 형태입니다. mất(걸리다, 소요되다) bao lâu(얼마나 오래)가 합쳐져 소요 시간에 대해 물을 수 있어요.

A Từ nhà tôi đến trường / công ty mất 1 tiếng.

집에서부터 학교/회사까지 한 시간 걸려요.

- 소요 시간에 대해 말할 때 〈숫자+tiếng(~시간)〉 혹은 〈숫자+phút(~분)〉으로 대답할 수 있어요.

연습 Từ nhà tôi đến trường/công ty mất _____.

3 경험

Q **Bạn đã đi Việt Nam bao giờ chưa?**
= Bạn đã đi Việt Nam lần nào chưa? 베트남에 가 본 적 있어요?

Bạn đã sang Việt Nam bao giờ chưa? 베트남에 가 본 적 있어요?

Bạn đã du lịch Việt Nam bao giờ chưa? 베트남 여행해 본 적 있어요?

- 〈**đã**+동사+**lần nào chưa**?〉도 〈**đã**+동사+**bao giờ chưa**?〉와 마찬가지로 경험에 대해 물어 보는 문법이에요.
- **đi**(가다) 대신 나라 이동인 상황이기 때문에 **sang**(건너다)를 쓰기도 합니다.

A **Rồi. Tôi đã đi Việt Nam rồi.** 네. 나는 베트남에 가 봤어요.

Rồi. Tôi đã đi Việt Nam 1 lần rồi. 네. 나는 베트남에 한 번 가 봤어요.

Rồi. Tôi đã sang Việt Nam nhiều lần rồi. 네. 나는 베트남에 여러 번 가 봤어요.

- 단답 시 **Rồi**로 대답을 하며 경험의 횟수 표현 시 〈숫자+**lần**(회, 번)〉을 넣어요.

A **Chưa. Tôi chưa bao giờ đi Việt Nam.**
= Chưa. Tôi chưa đi Việt Nam lần nào. 아직이요. 나는 아직 베트남에 안 가 봤어요.

- 〈**chưa**+동사+**lần nào**〉도 '아직 ~해 본 적 없다'라는 의미예요.

연습 _____. Tôi _____.

Q **Bạn đã gặp người Việt Nam bao giờ chưa? = Bạn đã gặp người Việt Nam lần nào chưa?** 베트남 사람 만나 본 적 있어요?

A **Rồi. Khi du lịch ở Việt Nam, tôi đã gặp người Việt Nam rồi.**
네. 베트남에서 여행할 때, 베트남 사람을 만나 본 적 있어요.

Người Việt Nam rất hiền và thân thiện.
베트남 사람은 매우 착하고 친절해요. ***hiền** 착한

A **Chưa. Tôi chưa bao giờ gặp người Việt Nam.**

아직이요. 나는 아직 베트남 사람을 만나 본 적 없어요.

Nếu có dịp thì tôi muốn làm quen và nói chuyện với người Việt Nam. 만일 기회가 있다면 베트남 사람과 사귀고 대화하고 싶어요. *dịp 기회

연습 _____. Tôi _____.

Q **Bạn đã ăn món ăn Việt Nam bao giờ chưa?**
= Bạn đã ăn món ăn Việt Nam lần nào chưa?

베트남 음식 먹어 본 적 있어요?

A **1. Rồi. Tôi đã ăn món ăn Việt Nam nhiều lần rồi.**

네. 나는 베트남 음식을 여러 번 먹어 봤어요.

Tôi thường đi ăn món ăn Việt Nam 2 lần 1 tháng.

나는 보통 1달에 2번 베트남 음식을 먹으러 가요.

Món ăn Việt Nam hợp khẩu vị của tôi.

베트남 음식은 내 입맛에 잘 맞아요. *hợp 잘 맞다 khẩu vị 입맛

2. Chưa. Tôi chưa bao giờ ăn món ăn Việt Nam.

아직이요. 나는 베트남 음식을 아직 안 먹어 봤어요.

Nếu có cơ hội thì tôi muốn ăn thử món ăn Việt Nam.

만일 기회가 있다면 베트남 음식을 한 번 먹어 보고 싶어요. *cơ hội 기회(= dịp)

연습 _____. Tôi _____.

베트남에서는 어떤 교통수단을 이용해야 할까요?

베트남 사람 1인당 한 대의 오토바이를 가지고 있을 정도로 오토바이는 베트남 사람의 생활 속에서 아주 중요한 교통수단입니다. 주 교통수단이 오토바이인 특성상 오토바이 택시인 쌔옴(xe ôm)도 있는데요. 쌔옴은 내가 원하는 목적지를 말한 후 가격을 협상해서 이동하는 교통수단으로 택시보다 빠르고 저렴하다는 장점이 있습니다. 요즘에는 Grap이라는 앱을 통해 쌔옴을 부를 수 있기 때문에 보다 안전하고 경제적으로 이용이 가능합니다. 하지만 베트남 지리에 대해서 잘 모른다면 택시를 이용하는 것이 좋습니다. 택시도 마찬가지로 Grap이라는 앱을 통해 목적지를 미리 입력해서 요금을 미리 확인한 후 이동할 수 있습니다. 이외에 인력거로 알려져 있는 씨클로(xích lô)도 베트남에서 볼 수 있는 교통수단인데요. 관광이 목적인 분들이라면 색다른 경험을 위해 한 번쯤 타 볼 것을 추천합니다.

베트남에서 지켜야 할 교통 법규는?

베트남에서 자동차 운전은 숙련된 운전자라 할지라도 매우 위험할 수 있습니다. 부득이하게 운전을 해야 할 경우라면 오토바이 운전을 추천해 드리는데 오토바이 운전 시 국제면허증을 베트남에서 발급해 주는 면허증으로 재발급받아야 하며 꼭 헬멧을 착용하고 운전해야 합니다. 오토바이 1대에 성인 기준 2인을 초과해서는 탑승이 불가하며 일방통행 길이 아닌지 잘 확인해야 교통경찰의 단속을 피할 수 있습니다.

1. 베트남의 주요 교통수단은 무엇인가요?

2. 쌔옴(xe ôm)이 무엇인가요?

3. 씨클로(xích lô)는 무엇인가요?

4. '얼마나 걸려요?'를 어떻게 말하나요?

5. 베트남에서 오토바이 운전 시 무엇을 꼭 써야 하나요??

6. 베트남 교통수단 중 어떤 것이 가장 타 보고 싶나요?

날씨

학습 목표

· 선택의문사 / 상태 의문사 활용하기
· 주요 구문 학습
· 베트남 날씨, 기후

베트남은 북쪽에서부터 남쪽까지 세로로 뻗어 있는 지형이기 때문에 같은 나라여도 북부, 중부, 남부에 따라 기후가 다릅니다. 같은 베트남이지만 방문한 지역에 따라 이국적인 매력을 느낄 수 있는 가장 큰 이유인데요. 이번 과에서는 베트남 날씨에 대해 알아봅시다!

□ 호찌민 시(Thành Phố Hồ Chí Minh) 인민위원회청사(Ủy ban nhân dân Thành phố Hồ Chí Minh)

단어 미리 보기

회화 1
du lịch 여행하다   nên + 동사 ~하는 게 좋다   tháng + 숫자 ~월   숫자 + tháng ~달, ~개월   miền Bắc 북부
miền Nam 남부   thành phố 시   mùa 계절   mùa khô 건기   mùa mưa 우기   thế thì 그러면   chắc 아마도
phải + 동사 ~해야만 한다   tránh 피하다

회화 2
thời tiết 날씨   hôm nay 오늘   trời 날씨, 하늘   ẩm 습한   nóng 더운   vậy 그러한, 그렇게   hồ 호수   như thế 그러한, 그렇게
không sao 괜찮다   thư giãn 긴장을 풀다   khi ~ ~할 때   đi dạo 산책하다   cạnh 옆

베트남 건기와 우기

MP3 09_01

A: Tôi muốn đi du lịch Việt Nam. Tôi nên đi vào tháng mấy?

B: Chị sẽ đi miền Bắc hay miền Nam?

A: Tôi muốn đi Thành Phố Hồ Chí Minh.

B: Miền Nam Việt Nam có 2 mùa; mùa khô và mùa mưa. Mùa khô thì từ tháng 11 đến tháng 4 còn mùa mưa thì từ tháng 5 đến tháng 10.

A: Thế à? Thế thì tôi chắc phải tránh đi mùa mưa.

A: 나는 베트남 여행 가고 싶어요. 몇 월에 가는 게 좋을까요?

B: 북부를 가세요, 아니면 남부를 가세요?

A: 나는 호찌밍 시를 가고 싶어요.

B: 베트남 남부에는 건기, 우기 2계절이 있어요. 건기는 11월부터 4월까지고 우기는 5월부터 10월까지예요.

A: 그래요? 그러면 나는 우기를 피해서 가야겠네요.

날씨 묻기

MP3 09_02

A: Thời tiết hôm nay thế nào?

B: Trời hôm nay không những ẩm mà còn nóng.

A: Tôi không thích ẩm.

B: Tôi cũng vậy. Nhưng miền Bắc Việt Nam có nhiều hồ nên như thế mà.

A: Dù tôi không thích ẩm nhưng không sao vì tôi có thể thư giãn khi đi dạo cạnh hồ.

A: 오늘 날씨가 어때요?

B: 오늘 날씨는 습할 뿐만 아니라 덥기까지 해요.

A: 나는 습한 것을 싫어해요.

B: 나도 그래요. 하지만 베트남 북부는 호수가 많아서 그런걸요.

B: 비록 나는 습한 것이 싫지만 호수 옆을 걸을 때 기분 전환을 할 수 있어서 괜찮아요.

녹음을 듣고 따라 하세요.

MP3 09_03

① Tôi nên tránh. (나는 피하는 것이 좋겠어요.)

--→ **thư giãn** (나는 긴장을 푸는 것이 좋겠어요.)

--→ **đi dạo** (나는 산책하는 것이 좋겠어요.)

② Mùa mưa hay mùa khô? (우기 아니면 건기?)

--▶ Ẩm   nóng (습해요 아니면 더워요?)

--▶ Tránh   không tránh (피해요 아니면 안 피해요?)

③ Hà Nội thì miền Bắc còn Mũi Né thì miền Nam.

(하노이는 북부이고 무이네는 남부예요.)

--▶ Tháng 1   mùa khô   tháng 7   mùa mưa
(1월은 건기이고 7월은 우기예요.)

--▶ Miền Bắc   ẩm   miền Nam   nóng
(북부는 습하고 남부는 더워요.)

④ Thời tiết miền Bắc thế nào? (북부 날씨는 어때요?)

- → Thời tiết mùa khô (건기 날씨는 어때요?)
- → Hồ Việt Nam (베트남 호수는 어때요?)

⑤ Mùa mưa không những nóng mà còn ẩm.

(우기는 더울 뿐만 아니라 습하기까지 해요.)

- → Tôi   đi dạo   thư giãn
  (나는 산책할 뿐만 아니라 긴장을 풀기까지 해요.)
- → Hôm nay   có mưa   nóng
  (오늘은 비가 올 뿐만 아니라 덥기까지 해요.)

⑥ Dù nóng nhưng không ẩm. (비록 덥지만 습하지 않아요.)

- → làm   không sao (비록 일하지만 괜찮아요.)
- → là mùa mưa   du lịch (비록 우기이지만 여행해요.)

녹음을 듣고 문제를 풀어 보세요.

MP3 09_04

1. 들리는 단어를 베트남어로 쓰세요.

a _____   b _____   c _____   d _____

e _____   f _____   g _____   h _____

2. 대화를 듣고 빈칸을 채우세요.

A: Tôi muốn đi _____ Việt Nam. Tôi _____ đi vào _____ mấy?

B: Chị sẽ đi miền Bắc _____ miền Nam?

A: Tôi muốn đi Thành Phố Hồ Chí Minh.

B: Miền Nam Việt Nam có 2 _____; mùa khô và mùa _____. Mùa khô

_____ từ _____ 11 đến _____ 4 _____ mùa mưa _____

từ tháng _____ đến tháng _____.

A: Thế à? Thế thì tôi chắc _____ tránh đi _____.

3. 대화를 듣고 빈칸을 채우세요.

A: _____ hôm nay _____?

B: _____ hôm nay không những _____ mà còn _____.

A: Tôi không thích _____.

B: Tôi cũng _____. Nhưng _____ Việt Nam có nhiều

_____ nên như thế _____.

A: _____ tôi không thích ẩm _____ không sao vì tôi có thể _____

_____ khi _____ cạnh hồ.

4. 들리는 문장과 그 문장의 뜻이 일치하면 O, 일치하지 않으면 X를 표시하세요.

ⓐ 나는 베트남 북부에 여행 가고 싶어요. (   )

ⓑ 베트남 남부에는 건기가 있어요. (   )

ⓒ 오늘 날씨는 습할 뿐만 아니라 더워요. (   )

ⓓ 베트남 북부에는 호수가 있어요. (   )

5. 질문을 듣고 그 대답으로 적당한 것을 고르세요.

ⓐ Thời tiết hôm nay nóng.　　　　　ⓑ Tôi không thích hồ.

ⓒ Tôi thích mùa khô hơn mùa mưa.　　ⓓ Từ tháng 4 đến tháng 10.

6. 대화를 듣고 내용과 일치하지 않는 것을 고르세요.

ⓐ 지금 베트남 남부는 건기이다.

ⓑ 남자는 3월에 하노이에 갈 것이다.

ⓒ 남자는 호수 옆에서 산책할 계획이 있다.

ⓓ 남자는 습한 것에 별로 개의치 않는다.

01   nên + 동사

nên + 동사 는 '〜하는 게 좋겠다'로 약한 의무를 표현합니다. nên + 동사 보다 더 강한 의무를 표현할 때 phải + 동사 로 '〜해야만 한다'를 표현합니다.

chị + nên + mặc + áo mưa = Chị nên mặc áo mưa.
언니/누나 ~하는 게 좋겠다 입다   우비   언니/누나는 우비를 입는 게 좋겠어요.

chị + nên + sử dụng + ô = Chị nên sử dụng ô.
언니/누나 ~하는 게 좋겠다 사용하다   우산   언니/누나는 우산을 쓰는 게 좋겠어요.

em + nên + nghỉ = Em nên nghỉ.
동생 ~하는 게 좋겠다   쉬다   동생은 쉬는 게 좋겠어요.

02   A hay B?

hay는 선택 의문사로 A hay B? 는 'A야, 아니면 B야?'의 의미입니다.

mùa xuân + hay + mùa thu = Mùa xuân hay mùa thu?
봄   ~야 아니면 ~야?   가을   봄이야 아니면 가을이야?

mùa hè + hay + mùa đông = Mùa hè hay mùa đông?
여름   ~야 아니면 ~야?   겨울   여름이야 아니면 겨울이야?

có mưa + hay + có tuyết = Có mưa hay có tuyết?
비 오다 ~야 아니면 ~야?   눈 오다   비 와 아니면 눈 와?

03   A thì B còn C thì D

A와 C를 비교할 때 A thì B còn C thì D 를 사용하여 'A는 B하고 C는 D하다'라고 표현할 수 있으며 còn은 '그리고'의 의미로 생략 가능합니다.

mùa xuân + thì + ấm áp + còn + mùa thu + thì + mát mẻ
봄   ~는/은   따뜻한   그리고   가을   ~는/은   시원한
= Mùa xuân thì ấm áp còn mùa thu thì mát mẻ. 봄은 따뜻하고 가을은 시원해요.

mùa hạ + thì + nóng + còn + mùa đông + thì + lạnh
여름   ~는/은   더운   그리고   겨울   ~는/은   추운
= Mùa hạ thì nóng còn mùa đông thì lạnh. 여름은 덥고 겨울은 추워요.

miền Bắc + thì + có 4 mùa + còn + miền Nam + thì + có 2 mùa
북부   ~는/은   4계절이 있다   그리고   남부   ~는/은   2계절이 있다
= Miền Bắc thì có 4 mùa còn miền Nam thì có 2 mùa. 북부는 4계절이 있고 남부는 2계절이 있어요.

04 의문사 thế nào?

thế nào는 '어때?', '어떻게'의 의미로 사용되는 의문사입니다. 명사 + thế nào? 는 '(명사)는 어때?'라고 명사의 상태에 대해 묻는 표현이고, 동사 + thế nào? 는 '어떻게 (동사)해?'의 의미로 방법에 대해 묻는 표현입니다.

dự báo + thời tiết + thế nào? = Dự báo thời tiết thế nào?
예보　　　날씨　　　어때요　　　　　　일기 예보가 어때요?

nhiệt độ + ngày mai + thế nào? = Nhiệt độ ngày mai thế nào?
기온　　　내일　　　어때요　　　　　　내일 기온이 어때요?

anh + thư giãn + thế nào? = Anh thư giãn thế nào?
형/오빠　긴장을 풀다　어떻게　　　　형/오빠는 어떻게 긴장을 풀어요?

05 không những~ mà còn~

không những~ mà còn~ 은 '~할 뿐만 아니라 ~하기까지 해요' 의미를 나타내는 구문입니다.

mùa xuân + không những + nóng + mà còn + ẩm
봄　　　　　　　　　　더운　　　　　　습한
= Mùa xuân không những nóng mà còn ẩm. 봄은 더울 뿐만 아니라 습하기까지 해요.

Không những + có sấm sét + mà còn + có chớp
천둥 치다　　　　　　　번개 치다
= Không những có sấm sét mà còn có chớp. 천둥 칠 뿐만 아니라 번개까지 쳐요.

06 dù~ nhưng~

dù~ nhưng~ 는 '비록 ~이지만 ~하다' 의미의 구문으로 dù 대신 mặc dù 혹은 tuy를 쓸 수 있습니다.

dù + mùa đông + lạnh + nhưng + tuyết + đẹp
겨울　　　추운　　　　눈　　예쁜
= Dù mùa đông lạnh nhưng tuyết đẹp. 비록 겨울은 춥지만 눈이 예뻐요.

tuy + không có + điều hòa + nhưng + tôi không nóng
없다　　　에어컨　　　　　　　나는 안 덥다
= Dù không có điều hòa nhưng tôi không nóng.
비록 에어컨이 없지만 나는 안 더워요.

mặc dù + có bão + nhưng + tôi sẽ đi bơi = Mặc dù có bão nhưng tôi sẽ đi bơi.
태풍이 있다　　　나는 수영하러 갈 것이다　　　비록 태풍이 있지만 나는 수영하러 갈 거예요.

1. 다음을 어순에 맞게 바르게 배열하세요.

ⓐ nên / chị / áo mưa / mặc → _____

ⓑ thế nào / dự báo / thời tiết / ? → _____

ⓒ ấm áp / mùa xuân / thì / mùa thu / còn / mát mẻ / thì

　　→ _____

ⓓ mùa đông / dù / nhưng / lạnh / tuyết / đẹp

　　→ _____

2. 틀린 곳을 찾아 바르게 고치세요.

ⓐ Mùa xuân không những nóng nhưng ẩm.

　　→ _____

ⓑ Mặc dù có bão mà còn tôi sẽ đi bơi.

　　→ _____

ⓒ Mùa hè hay mùa đông không?

　　→ _____

3. 빈칸을 채워 대화를 완성하세요.

ⓐ A : Anh thích mùa đông _____ mùa hè? 형/오빠는 겨울을 좋아하세요, 아니면 여름을 좋아하세요?

　 B : Mùa hè. 여름이요.

ⓑ A : Anh thư giãn thế nào? 형/오빠는 어떻게 긴장을 푸세요?

　 B : Tôi thường _____ . 나는 보통 산책해요.

du lịch 여행하다					
chắc 아마도					
tránh 피하다					
thời tiết 날씨					
trời 날씨, 하늘					
ẩm 습한					
nóng 더운					
vậy 그러한, 그렇게					
hồ 호수					
như thế 그러한, 그렇게					
không sao 괜찮다					
thư giãn 긴장을 풀다					
khi~ ~할 때					
đi dạo 산책하다					
cạnh 옆					

1 계절

Q **Ở Hàn Quốc có mấy mùa?** 한국에는 계절이 몇 개 있어요?
Ở Việt Nam có mấy mùa? 베트남에는 계절이 몇 개 있어요?

- 수량 의문사 **mấy**(몇) 뒤에 **mùa**(계절)이 붙어 '몇 계절'이라는 의미가 됩니다.

A **Hàn Quốc có 4 mùa.** 한국에는 4계절이 있어요.

Ở miền Bắc Việt Nam thì có 4 mùa còn ở miền Nam Việt Nam thì có 2 mùa. 베트남 북부에는 4계절이 있고 베트남 남부에는 2계절이 있어요.

- **~thì ~ còn ~ thì~**를 사용하여 북부와 남부 계절의 특징을 비교 강조합니다.

연습 Ở Hàn Quốc có _____.
Ở miền Bắc Việt Nam thì _____ còn ở miền Nam Việt Nam thì _____.

Q **Ở Hàn Quốc có mùa gì?** 한국에는 무슨 계절이 있어요?
Ở Việt Nam có mùa gì? 베트남에는 무슨 계절이 있어요?

A **Ở Hàn Quốc có 4 mùa; mùa xuân, mùa hạ(= mùa hè), mùa thu và mùa đông.** 한국에는 4계절이 있어요. 봄, 여름, 가을 그리고 겨울이요.

Giống với Hàn Quốc, ở miền Bắc Việt Nam thì có 4 mùa giống với Hàn Quốc; mùa xuân, mùa hạ(= mùa hè), mùa thu và mùa đông. 한국과 같이 베트남 북부에는 4계절이 있어요. 봄, 여름, 가을 그리고 겨울이요.

Khác với Hàn Quốc và miền Bắc Việt Nam, ở miền Nam Việt Nam thì có 2 mùa; mùa khô và mùa mưa.
한국과 베트남 북부와 달리, 베트남 남부에는 2계절이 있어요. 건기와 우기요.

- **giống với**는 '~와 같다'라는 의미로 한국과 베트남 북부의 계절은 같으므로 위와 같이 사용할 수 있어요.
- **khác với**는 '~와 다르다'라는 의미로 한국과 베트남 북부와 다름을 강조하며 위와 같이 사용할 수 있어요.

연습 Ở Hàn Quốc có _____.

Miền Bắc Việt Nam cũng có _____.

Còn ở miền Nam Việt Nam thì có _____.

2 날씨

Q **Thời tiết hôm nay Hàn Quốc thế nào?**
= Thời tiết hôm nay của HQ như thế nào? 오늘 날씨가 어때요?

Dạo này, thời tiết Hàn Quốc thế nào? 요즘, 날씨가 어때요?

- **như thế nào**는 **thế nào**와 마찬가지로 '어때'의 의미입니다.

A **Thời tiết hôm nay nóng. = Hôm nay trời nóng.** 오늘 날씨가 더워요.

Dạo này trời ẩm. 요즘 날씨가 습해요.

- **thời tiết**(날씨)를 이용해서 날씨 표현을 할 수 있지만 **trời**(하늘) 뒤에 날씨와 관련된 표현이 오게 되면 '날씨가 ~해요'의 의미로 날씨에 대해 표현할 수 있습니다.

연습 Hôm nay trời _____.

단어 **ấm** 따뜻한 **lạnh** 추운 **mát** 시원한 **có mưa** 비 오다

Q Bạn thích thời tiết của Việt Nam hơn hay thời tiết của Hàn Quốc hơn? 당신은 베트남의 날씨를 더 좋아해요 아니면 한국의 날씨를 더 좋아해요?

· 〈형용사+hơn〉은 '더 ~한'의 비교급이라는 것을 배웠는데요! 형용사 외에 thích(좋아하다)도 비교급 hơn과 함께 쓰일 수 있습니다. 중간에 들어간 hay는 '~야 아니면 ~야?'의 선택 의문사입니다.

A Tôi thích thời tiết Hàn Quốc hơn vì mát hơn Việt Nam.

베트남보다 더 시원하기 때문에 나는 한국 날씨를 더 좋아해요. *vì 왜냐하면

Tôi thích thời tiết Việt Nam hơn vì không thích lạnh.

추운 것을 싫어하기 때문에 나는 베트남 날씨를 더 좋아해요.

연습 Tôi thích thời tiết _____.

3 베트남 도시

Q Thủ đô Việt Nam là ở đâu? 베트남 수도는 어디에 있습니까? *thủ đô 수도

A Thủ đô Việt Nam là ở Hà Nội. 베트남 수도는 하노이에 있습니다.

Q Bạn có biết gì về Hà Nội không? 하노이에 대해 뭐 아는 것 있어요? *về ~에 대해

A Tôi biết Hà Nội là thủ đô Việt Nam và là trung tâm văn hóa chính trị. 나는 하노이는 베트남 수도이며 정치 문화 중심지라고 알고 있어요.

· Hà Nội là A và là B로 '하노이는 A이고 B이다'라는 의미예요. trung tâm(중심) văn hóa(문화) chính trị(정치)가 합쳐져 '정치 문화 중심지'라는 의미가 됩니다.

A Ở Hà Nội có nhiều hồ đẹp như hồ Hoàn Kiếm và hồ Tây vân vân. 하노이에는 호안끼엠 호수와 떠이 호수 등과 같은 예쁜 호수가 많이 있어요.

*hồ 호수 như ~와 같은

Q Bạn có biết gì về thành phố Hồ Chí Minh không?

호찌민 시에 대해 뭐 아는 것 있어요?

A Tôi biết thành phố Hồ Chí Minh là trung tâm kinh tế nên rất náo nhiệt và phát triển rồi.

나는 호찌민 시가 경제 중심지여서 매우 활기차며 발전했다고 알고 있어요.

- **trung tâm**(중심지) **kinh tế**(경제)가 합쳐져 '경제 중심지'라는 의미가 됩니다. **náo nhiệt**은 '활기찬'의 뜻이며 **phát triển**(발전하다) 뒤에 완료의 의미인 **rồi**가 붙어 **phát triển rồi**는 '발전했다'의 의미가 됩니다.

연습 Thủ đô Việt Nam là _____.

Hà Nội là _____.

Thành phố Hồ Chí Minh là _____.

4 여행사 표 예약

Q **Giả sử, ví dụ, bạn đang ở Thành phố Hồ Chí Minh, bạn muốn đặt vé đi Nha Trang. Bạn hãy đặt vé đi Nha Trang.**

가정해 볼게요, 예를 들어 당신은 호찌민 시에 있고 냐짱으로 가는 표를 예약하고 싶어요. 냐짱 가는 표를

예약하세요. ***đặt vé** 예약하다

A Khách hàng **Tôi muốn đặt 4 vé đi Nha Trang.**

Nhân viên **Bạn cần mấy vé?**

Khách hàng **2 vé.**

Nhân viên **Vâng, khi nào ạ? Và bạn muốn đặt vé khứ hồi hay một chiều?**

Khách hàng **Tôi muốn mua vé một chiều đi vào ngày mai. 1 vé bao nhiêu tiền?**

Nhân viên **600.000 đồng 1 vé.**

Khách hàng **OK. Tôi đặt ngay.** ***ngay** 즉시, 바로

손님   나는 냐짱에 가는 4장의 표를 예약하고 싶어요.

직원   표 몇 장이 필요해요?

손님   2장이요.

직원   네, 언제요? 그리고 왕복표로 예약해요 아니면 편도표로 예약해요?

손님   내일 가는 편도표를 사고 싶어요. 1장에 얼마죠?

직원: 1장에 60만 동입니다.

손님   좋아요. 바로 예약할래요.

Q Giả sử, ví dụ, bạn đang ở Thành phố Hồ Chí Minh, bạn muốn đặt vé đi Phú Quốc. Bạn hãy đặt vé đi Phú Quốc.

가정해 볼게요. 예를 들어 당신은 호찌민 시에 있고 푸꾸옥으로 가는 표를 예약하고 싶어요. 푸꾸옥 가는 표를 예약하세요.

A

Nhân viên　**Xin chào. Tôi có thể giúp gì cho anh?**

Khách hàng　**Chào chị, tôi muốn đặt 2 vé máy bay đi Phú Quốc.**

Nhân viên　**Vâng, khi nào anh muốn đi?**

Khách hàng　**Chuyến bay sớm nhất vào ngày mai.** *chuyến bay 비행편

Nhân viên　**Vâng, đó là chuyến bay VK123. Chuyến bay VK123 khởi hành lúc 7 giờ 30, đó là một chuyến bay thẳng. Anh muốn đặt vé hạng nhất hay vé hạng thường?**

*khởi hành 출발하다 thẳng 곧장, 똑바로 hạng nhất 퍼스트 클래스 hạng thường 이코노미 클래스

Khách hàng　**Tôi lấy vé hạng nhất, vậy giá vé là bao nhiêu?** *giá 가격

Nhân viên　**Vé một lượt là 100 đô la.** *một lượt 편도

직원　안녕하세요. 무엇을 도와드릴까요?

손님　안녕하세요, 나는 푸꾸옥 가는 비행기 표 2장을 예약하고 싶어요.

직원　네, 언제 가기를 원하세요?

손님　내일 가장 이른 비행편이요.

직원　네, 그것은 VK123편이에요. VK123편은 7시 30분에 출발하고, 직항편입니다. 퍼스트 클래스 표를 예약하고 싶으세요? 아니면 이코노미석을 예약하고 싶으세요?

손님　나는 이코노미 표를 가질게요(예약할게요), 그러면 표 가격이 얼마죠?

직원　편도표는 100달러입니다.

베트남에서 가장 여행 가기 좋은 시기는?

베트남 북부는 봄(4월), 여름(5월~9월), 가을(10월), 겨울(11월~3월)이 미미하게 다른 4계절의 아열대성 기후에 속합니다. 봄에는 다소 습하고 여름에는 조금 덥기 때문에 베트남에는 10월쯤 방문하는 것이 좋습니다. 겨울 평균 기온은 약 10도인데 두꺼운 점퍼를 입어야 할 정도로 생각보다 쌀쌀하고 추운 편입니다. 베트남 남부는 건기(11월 ~4월), 우기(5월~10월)로 나뉜 열대 몬순 기후에 속해 1년 내내 더운 날씨입니다. 남부로 여행 시 12월~1월쯤에 여행 가는 것을 추천하며 음력 설 때는 물가가 상승하기 때문에 음력 설을 피해서 여행 가는 것이 좋습니다.

베트남 북부 — Hà Nội 하노이 / Sapa 싸빠 / Vịnh Hạ Long 하롱베이

베트남 중부 — Đà Nẵng 다낭 / Huế 후에 / Hội An 호이안

베트남 남부 — Thành phố Hồ Chí Minh 호찌민시 / Mũi Né 무이내 / Phú Quốc 푸꾸옥

베트남 날씨와 지형은 베트남 사람의 성격에도 영향을 준다?

베트남 남부는 1년 내내 날씨가 덥고 비도 많이 오는 기후 특성과 대부분이 평야로 이루어져 있는 지형 특성으로 전국의 대부분의 쌀을 생산하는 곡창 지대입니다. 쌀뿐만 아니라 과일의 종류도 다양하고 그 양도 풍부하기 때문에 남부 사람들은 비교적 고군분투해 일하지 않고 여유를 즐기며 살아가는 편입니다. 이에 반해 북부나 중부 사람들은 대부분이 산악 지방으로 이루어져 있는 지형에서 살아온 탓에 생활력이 강한 편입니다.

1. 베트남 북부 날씨는 어떤가요?

2. 베트남 남부 날씨는 어떤가요?

3. 한 국가임에도 베트남 북부와 남부 날씨가 다른 이유는 무엇일까요?

4. 베트남 어디로 여행 가고 싶은가요? 그 이유는?

5. 베트남 사람의 성격이 지역에 따라 다른 편인가요?

인간관계

학습 목표

· 조건과 결과 관계 / 주어 강조 표현하기
· 의문사 '누구, 누가' / 근접과거 시제
· 베트남 사람과의 유대 관계

베트남 사람들은 정(情)을 굉장히 중요시하므로 베트남 사람과의 관계를 어떻게 맺느냐가 참으로 중요합니다. 베트남 사람과의 유대 관계를 위해 중요한 것들은 어떤 것들이 있을지 함께 알아볼까요?

□ 벤째(Bến Tre)의 메콩델타

선물 사기

MP3 10_01

A: Cuối tuần tôi đến thăm nhà người Việt Nam.

B: Ai vậy?

A: Một đồng nghiệp cũ.

B: Anh mua quà chưa? Ở Việt Nam khi đến thăm nhà phải
có quà mới có lịch sự.

A: Tôi phải mua quà gì?

B: Quà nào cũng được như hoa quả, hoa vân vân. Bao bì thì
màu đỏ là tốt nhất. Vì người Việt Nam nghĩ màu đỏ tượng
trưng cho sự may mắn.

A: 주말에 나는 베트남 사람 집을 방문할 거예요.

B: 누군데요?

A: 예전 한 동료요.

B: 선물 샀어요? 베트남에서는 방문할 때 선물이 있어야 예의가
있는 거예요.

A: 무슨 선물을 사야 해요?

B: 과일, 꽃 등과 같은 어떤 선물이나 돼요. 포장지는 빨간색이
가장 좋아요. 왜냐하면 베트남 사람은 빨간색이 행운의 상징
이라고 생각하기 때문이에요.

피해야 할 대화 주제

MP3 10_02

A: Trời ơi! Tôi lo quá!

B: Có chuyện gì không?

A: Có. Tôi lỡ miệng trong khi nói chuyện với bạn người Việt Nam. Tôi không biết văn hóa Việt Nam nên đã nói về chiến tranh và chính trị Việt Nam.

B: Trời ơi! Ở Việt Nam anh không nên nói về lịch sử hay chính trị Việt Nam.

A: Tôi vừa mới biết rồi. Lần sau chắc tôi phải cẩn thận.

A: 아이고! 나 너무 걱정스러워요!

B: 무슨 일 있어요?

A: 있어요. 베트남 친구와 얘기 중에 말실수를 했어요. 나는 베트남 문화를 몰라서 베트남 전쟁과 정치에 대해 얘기했어요.

B: 아이고! 베트남에서 베트남 정치나 역사에 대해서 말하지 않는 게 좋아요.

A: 방금 알았어요. 다음번에 나는 조심해야겠어요.

녹음을 듣고 따라 하세요.

MP3 10_03

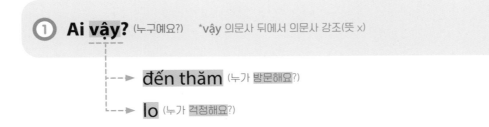

① **Ai vậy?** (누구예요?)　*vậy 의문사 뒤에서 의문사 강조 (뜻 x)

    ▶ **đến thăm** (누가 방문해요?)

    ▶ **lo** (누가 걱정해요?)

② **Phải có quà mới có lịch sự.** (선물이 있어야 비로소 예의가 있어요.)

    ▶ **Có hoa　đến thăm** (꽃이 있어야 비로소 방문해요.)

    ▶ **Màu đỏ　được** (빨간색이어야 비로소 돼요.)

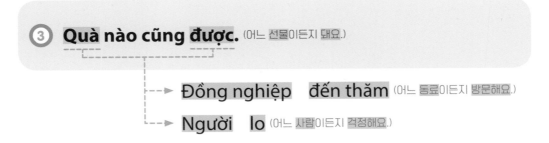

③ **Quà nào cũng được.** (어느 선물이든지 돼요.)

    ▶ **Đồng nghiệp　đến thăm** (어느 동료이든지 방문해요.)

    ▶ **Người　lo** (어느 사람이든지 걱정해요.)

④ Bao bì thì màu đỏ. (포장지는 빨강색이에요.)

➤ Lịch sử   không nên nói (역사는 말해서는 안 돼요.)

➤ Tôi   nói về văn hóa (나는 문화에 대해 말해요.)

⑤ Tôi lỡ miệng trong khi nói chuyện với bạn

(나는 친구와 대화 중에 말실수했다.)

➤ cẩn thận   nói về chính trị.
(나는 정치에 대해 말하는 중에 조심해요.)

➤ lo   đến thăm đồng nghiệp.
(나는 동료를 방문 중에 걱정해요.)

⑥ Tôi vừa mới biết rồi. (나는 방금 알았어요.)

➤ nghĩ (나는 방금 생각했어요.)

➤ nói chuyện với bạn (나는 방금 친구와 대화했어요.)

녹음을 듣고 문제를 풀어 보세요.   MP3 10_04

1. 들리는 단어를 베트남어로 쓰세요.

a _____   b _____   c _____   d _____

e _____   f _____   g _____   h _____

2. 대화를 듣고 빈칸을 채우세요.

A: _____ tôi _____ nhà người Việt Nam.

B: _____ vậy?

A: Một _____ cũ.

B: Anh _____ quà _____? Ở Việt Nam khi _____ nhà

phải _____ quà _____ có _____.

A: Tôi phải _____ quà _____?

B: Quà _____ _____ được như _____, _____ vân vân. Bao bì

_____ màu đỏ là tốt _____. _____ người Việt Nam _____

màu đỏ tượng trưng cho sự _____.

3. 대화를 듣고 빈칸을 채우세요.

A: Trời ơi! Tôi _____ quá!

B: Có _____ gì không?

A: Có. Tôi lỡ miệng _____ _____ nói chuyện _____ bạn người Việt

Nam. Tôi không biết _____ Việt Nam _____ đã _____ _____

chiến tranh và _____ Việt Nam.

B: Trời ơi! Ở Việt Nam anh _____ _____ nói về lịch sử _____ chính

trị Việt Nam.

A: Tôi _____ _____ biết rồi. Lần sau _____ tôi phải _____.

4. 들리는 문장과 그 문장의 뜻이 일치하면 O, 일치하지 않으면 X를 표시하세요.

  ⓐ 누가 걱정해요? ( )

  ⓑ 어느 사람이든지 돼요. ( )

  ⓒ 나는 동료와 대화해요. ( )

  ⓓ 나는 방금 방문했어요. ( )

5. 질문을 듣고 그 대답으로 적당한 것을 고르세요.

  ⓐ Tôi phải cẩn thận trong khi nói về chiến tranh.

  ⓑ Tôi vừa mới biết về chính trị Việt Nam.

  ⓒ Hoa quả nào cũng được.

  ⓓ Một đồng nghiệp cũ.

6. 대화를 듣고 내용과 일치하지 않는 것을 고르세요. 참고 làm quen với~ ~와 사귀다

  ⓐ 두 사람은 주말에 만날 것이다.

  ⓑ 두 사람은 친구 집에 방문할 예정이다.

  ⓒ 여자는 빨간색 꽃을 좋아한다.

  ⓓ 남자는 초대한 친구에게 선물을 줄 것이다.

01 의문사 ai

의문사 ai는 술어 앞에 위치하면 '누가', 술어 뒤에 위치하면 '누구'의 의미를 나타냅니다.

ai + tặng + quà = Ai tặng quà?
누가 증정하다 선물 누가 선물을 증정해요?

ai + mời + họ = Ai mời họ?
누가 초대하다 그들 누가 그들을 초대해요?

anh + yêu + ai = Anh yêu ai?
형/오빠 사랑하다 누구 형/오빠는 누구를 사랑해요?

anh + ủng hộ + ai = Anh ủng hộ ai?
형/오빠 응원하다 누구 형/오빠는 누구를 응원해요?

02 A mới B

mới는 '비로소'의 의미로 A mới B 는 'A해야 비로소 B하다'의 의미를 나타냅니다.

nói chuyện + mới + làm quen = Nói chuyện mới làm quen.
대화하다 비로소 사귀다 대화해야 비로소 사귀어요.

cười + mới + thân + nhau = Cười mới thân nhau.
웃다 비로소 친한 서로 웃어야 비로소 서로 친해져요.

kiếm tiền + mới + biết = Kiếm tiền mới biết.
돈을 벌다 비로소 알다 돈을 벌어야 비로소 알아요.

03 명사 + nào + (주어) + cũng + 술어

명사+nào+(주어)+cũng+술어 는 '어느 명사든지 (주어는) ~하다'의 의미를 나타냅니다. 주어는 생략 가능합니다.

người + nào + cũng + thân thiện = Người nào cũng thân thiện.
사람 어느 ~도 역시 친절한 어느 사람이든지 친절해요.

cái + nào + (tôi) + cũng + thích = Cái nào (tôi) cũng thích.
것 어느 (나) ~도 역시 좋아하다 (나는) 어느 것이든지 좋아해요.

quà + nào + cũng + quý giá = Quà nào cũng quý giá.
선물 어느 ~도 역시 귀한 어느 선물이든지 귀해요.

04 주어 + thì

주어 자리에 온 명사 뒤에 thì를 붙이면 주어의 의미를 보다 더 강조할 수 있습니다.

ngày mai + **thì** + **được** = **Ngày mai thì được.**
내일   강조   된다   내일은 돼요.

chủ nhật + **thì** + **làm** = **Chủ nhật thì làm.**
일요일   강조   일하다   일요일은 일해요.

6 giờ + **thì** + **muộn** = **6 giờ thì muộn.**
6시   강조   늦은   6시는 늦어요.

05 trong khi

trong(~동안)과 khi(~할 때)가 결합되어 trong khi는 '~하는 중에, ~하는 동안'의 의미를 나타냅니다.

trong khi + **họp**, + **tôi** + **nhắn tin**
~하는 중에   회의하다   나   메시지를 보내다

= **Trong khi họp, tôi nhắn tin. / Tôi nhắn tin trong khi họp.** 회의하는 중에 나는 메시지를 보내요.

trong khi + **chơi**, + **tôi** + **chụp ảnh**
~하는 중에   놀다   나   사진을 찍다

= **Trong khi chơi, tôi chụp ảnh. / Tôi chụp ảnh trong khi chơi.** 노는 중에 나는 사진을 찍어요.

trong khi + **hát**, + **tôi** + **nhảy** = **Trong khi hát, tôi nhảy. / Tôi nhảy trong khi hát.**
~하는 중에   노래하다   나   춤추다   노래하는 중에 나는 춤춰요.

06 vừa mới + 동사

vừa mới는 동사 앞에 위치하여 '막 ~했다, 방금 ~했다'라는 근접 과거의 의미를 나타내며 vừa + 동사 혹은 mới + 동사 로도 사용 가능합니다. 완료의 의미를 나타내기 위해 문장 맨 끝에 rồi를 함께 쓸 수도 있습니다.

chúng tôi + **vừa mới** + **chia tay** + **(rồi)** = **Chúng tôi vừa mới chia tay (rồi).**
우리   막, 방금   헤어지다   완료   우리는 막 헤어졌어요.

chúng tôi + **vừa mới** + **hẹn hò** + **(rồi)** = **Chúng tôi vừa mới hẹn hò (rồi).**
우리   막, 방금   데이트하다   완료   우리는 막 데이트했어요.

phim này + **vừa mới** + **xong** + **(rồi)** = **Phim này vừa mới xong (rồi).**
이 영화   막, 방금   끝나다   완료   이 영화는 막 끝났어요.

1. 다음을 어순에 맞게 바르게 배열하세요.

ⓐ nào / được / quà / cũng → _____

ⓑ người / cũng / nào / thân thiện → _____

ⓒ lỡ miệng / tôi / nói chuyện / trong khi → _____

ⓓ anh / không nên / về / nói / lịch sử → _____

2. 다음 문장을 한국어 뜻에 맞게 바꿔 보세요.

ⓐ Tôi biết.

나는 방금 알았어요. → _____

ⓑ Chúng tôi chia tay.

우리는 막 헤어졌어요. → _____

ⓒ Anh yêu.

형/오빠는 누구를 사랑해요? → _____

3. 빈칸을 채워 대화를 완성하세요.

ⓐ A : Anh ủng hộ _____? 누구를 응원해요?

B : Tôi ủng hộ chị. 나는 언니/누나를 응원해요.

ⓑ A : _____ _____ hát, anh thường làm gì? 노래하는 동안 형/오빠는 보통 뭐 해요?

B : Tôi thường nhảy. 나는 보통 춤춰요.

đến thăm 방문하다				
ai 누가, 누구				
đồng nghiệp 동료				
cũ 낡은(예전의)				
quà 선물				
mới 비로소				
lịch sự 예의				
hoa quả 과일				
hoa 꽃				
bao bì 포장지				
màu đỏ 빨간색				
nghĩ 생각하다				
sự may mắn 행운				
lo 걱정스러운				
lịch sử 역사				
lần sau 다음번				

1 색깔

Q Bạn thích màu gì nhất? 무슨 색을 가장 좋아해요?

Bạn ghét màu gì nhất? 무슨 색을 가장 싫어해요? *ghét 싫어하다

A Tôi thích màu trắng nhất. 나는 흰색을 가장 좋아해요.

Tôi ghét màu đen nhất. 나는 검은색을 가장 싫어해요.

연습 Tôi thích _____ nhất.

단어 **màu xanh nước biển** 파랑색　**màu xanh lá cây** 초록색　**màu tím** 보라색　**màu hồng** 분홍색
màu cam 주황색　**màu vàng** 노랑색

2 과일

Q Bạn thích hoa quả(= trái cây) nào nhất? 어느 과일을 가장 좋아해요?

A Tôi thích xoài nhất. 나는 망고를 가장 좋아해요.

연습 Tôi thích _____ nhất.

단어 **táo** 사과　**măng cụt** 망고스틴　**dưa hấu** 수박　**dâu tây** 딸기　**cam** 오렌지　**nho** 포도

3 생일 선물

Q Sinh nhật bạn là khi nào? 당신 생일은 언제예요? *sinh nhật 생일

Sinh nhật bạn là ngày mấy? 당신 생일은 며칠이에요?

A Sinh nhật tôi là ngày 28 tháng 12. 내 생일은 12월 28일이에요.

연습 Sinh nhật tôi là ngày _____ tháng _____.

Q **Vào ngày sinh nhật, bạn thường làm gì?** 생일에 당신은 보통 뭐 해요?

Vào ngày sinh nhật, bạn muốn làm gì? 생일에 당신은 뭐 하고 싶어요?

Vào ngày sinh nhật, bạn thích làm gì? 생일에 당신은 뭐 하는 것을 좋아해요?

- **vào**(~에) **ngày**(일) **sinh nhật**(생일)이 합쳐져 '생일날에'라는 의미가 됩니다.

A **Vào ngày sinh nhật, tôi thường đi chơi với bạn bè.**

생일날에 나는 보통 친구와 놀러 가요.

Vào ngày sinh nhật, tôi muốn ăn món ăn ngon với gia đình.

생일날에 나는 가족과 함께 맛있는 음식을 먹고 싶어요.

Vào ngày sinh nhật, tôi thích thổi nến trên bánh kem.

생일날에 나는 케이크 위 초를 끄는 것을 좋아해요.

- **thổi**(불다) **nến**(초) **trên**(~위) **bánh kem**(케이크)가 합쳐져 '케이크 위 초를 불다', 즉 '끄다'라는 의미가 됩니다.

4 사람

Q **Bạn yêu quý ai nhất?** 당신은 누구를 가장 사랑하고 아껴요? *yêu quý 사랑하고 아끼다

A **Tôi yêu quý gia đình nhất.** 나는 가족을 가장 사랑하고 아껴요.

Không ai quan trọng bằng gia đình. 가족만큼 중요한 사람은 없어요.

- 부정인 **không** 뒤에 의문사 **ai**(누가, 누구)가 오면 전체 부정의 의미로 '아무도 ~하지 않는다'는 뜻이 됩니다. **không ai**(아무도 ~하지 않는다) **quan trọng**(중요한) **bằng**(~만큼) **gia đình**(가족)이 합쳐져 '아무도 가족만큼 중요하지 않다' 즉 '가족이 가장 중요하다'라는 최상급의 의미가 됩니다.

- 이와 같이 최상급을 만들 때 〈không + 의문사 + 형용사 + bằng + 명사〉로도 쓸 수 있습니다.

VD Không gì quan trọng bằng sức khỏe. 건강만큼 중요한 것은 없다.

VD Không ai đẹp bằng con gái. 딸만큼 예쁜 사람은 없다.

VD Không đâu thoải mái bằng nhà tôi. 내 집만큼 편안한 곳은 없다.

연습 Tôi yêu quý _____ nhất.

Q **Ai là giáo viên tiếng Việt của bạn?** 누가 당신의 베트남어 선생님입니까?

Ai dạy tiếng Việt cho bạn? 누가 당신에게 베트남어를 가르칩니까?

- **dạy**(가르치다) **tiếng Việt**(베트남어) 뒤에 **cho**(~를 위해, ~에게) **bạn**(당신)이 합쳐진 문형입니다.

A **Cô Lan dạy tiếng Việt cho tôi.** 란 선생님이 나에게 베트남어를 가르쳐요.

Giáo viên tiếng Việt tôi là cô Lan. 내 베트남어 선생님은 란 선생님이에요.

Tôi tự học tiếng Việt. 나는 베트남어를 독학해요.

연습 Giáo viên tiếng Việt tôi là _____.

Q **Trong khi làm việc, bạn hay thấy mệt không?**

일하는 중에 자주 피곤함을 느껴요?

Trong khi học, bạn hay thấy mệt không?

공부하는 중에 자주 피곤함을 느껴요?

A **Trong khi làm việc, tôi hay thấy mệt. Lúc đó tôi đi uống cà phê.** 일하는 중에 나는 피곤함을 자주 느껴요. 그때 나는 커피를 마시러 가요. *lúc đó 그때

Trong khi học, tôi ít khi thấy mệt. Vì tôi tập trung học nên không thấy mệt. 공부하는 중에 나는 거의 피곤함을 느끼지 않아요. 왜냐하면 공부에 집중하기 때문에 피곤함을 느끼지 않아요. *tập trung 집중하다

연습 Trong khi _____, _____ .

Q **Trước khi đi ngủ, bạn thường làm gì?** 잠자기 전에 당신은 보통 뭐 해요?

- trong khi(~하는 중에)의 trong 자리에 trước(전)을 쓰면 trước khi는 '~하기 전에'라는 의미가 됩니다.

A **Trước khi đi ngủ, tôi thường xem tivi hay xem điện thoại.** 잠자기 전에 나는 보통 TV를 보거나 휴대폰을 봐요. *điện thoại 전화

Trước khi đi ngủ, tôi thường đánh răng và tắm. 잠자기 전에 나는 보통 양치하고 샤워해요. *đánh răng 양치하다

연습 Trước khi đi ngủ, _____ .
단어 ăn đêm 야식을 먹다 chơi game 게임하다 tắm 샤워하다 đọc sách 독서하다

베트남 사람과의 의사소통에서 주의해야 할 것은?

수많은 외세의 침략 속에서도 한 번도 패배한 역사가 없는 베트남 사람들의 자존심과 자긍심은 우리가 생각하는 것보다 굉장히 높은 편입니다. 때문에 그들이 자존심을 상하게 할 만한 언행은 지양해야 합니다. 예를 들어 전쟁, 정치와 관련된 주제를 금하는 것이 좋으며 직원을 관리할 때도 여러 사람들 앞에서 망신을 주거나 폭언을 하는 행동은 절대로 해서는 안 됩니다. 높은 자존심 때문인지 본인이 잘 몰라도 모른다고 얘기하기보다는 베트남 사람은 습관적으로 Vâng(네)라고 하는 경향이 있습니다. 때문에 잘 이해한 것인지 재확인할 필요가 있습니다. 또 다른 예로는 본인이 잘못한 경우 Xin lỗi(죄송합니다)라고 말하기보다는 Thông cảm(양해 바랍니다)를 사용해서 사과하는 편입니다.

베트남 사람과의 유대 관계를 높이기 위해서는?

베트남 남성들은 술을 좋아하는 편이며 술은 유대 관계를 높여 주는 매개체라고 생각합니다. 그 때문에 술을 잘 마시지 못하더라도 술자리에 가급적 참석하여 유대 관계를 높이는 것이 좋습니다. 술자리 말고도 선물을 통해 유대 관계를 높일 수 있습니다. 과일, 향초, 꽃 등을 선물하거나 포장지를 빨간색으로 포장하여 선물하는 것도 유대 관계를 높일 수 있는 좋은 방법입니다.

술자리에서 쓸 수 있는 표현

· 건배: Một hai ba dô! / Cạn ly!
· 원샷: Một trăm phần trăm!
· 건강하세요!(건배사): Chúc sức khỏe!

1. 베트남 사람과 대화 시 언급을 삼가야 할 주제는 무엇일까요?

2. 베트남 사람 집에 초대된 경우 어떤 선물을 주고 싶은가요?

3. 베트남 사람은 어떤 색을 좋아하나요?

4. 베트남어로 '건배!'는 어떻게 말하나요?

5. 베트남어로 '건강하세요!'는 어떻게 말하나요?

정답 및
듣기 대본

1과

발음 연습 (16p)

2. ① O(su) ② X(ma) ③ O(nư)
④ X(hơ) ⑤ O(ba) ⑥ O(hư)
⑦ X(lê) ⑧ O(xi) ⑨ O(my)
⑩ X(hu) ⑪ O(no) ⑫ O(lô)

3. ① sa ② xư ③ bê
④ li ⑤ mơ ⑥ xơ
⑦ so ⑧ hu ⑨ nu

발음 연습 (18p)

2. ① O(siê) ② O(mươ) ③ X(nưa)
④ X(bia) ⑤ O(sua) ⑥ O(xuyê)
⑦ X(lươ) ⑧ O(huô) ⑨ X(viê)
⑩ O(suye) ⑪ X(nươ) ⑫ X(lua)

3. ① siê ② xuô ③ bua
④ luyê ⑤ mươ ⑥ xua
⑦ sưa ⑧ hoa ⑨ niê

발음 연습 (20p)

2. ① X(mi) ② X(lo) ③ X(hu)
④ O(bê) ⑤ O(vi) ⑥ O(no)
⑦ O(lươi) ⑧ O(hưa) ⑨ X(mua)
⑩ O(xoa) ⑪ O(vươ) ⑫ X(nưa)

3. ① ba ② so ③ mu
④ nư ⑤ bia ⑥ lo
⑦ xơ ⑧ ve ⑨ lê

발음 연습 (24p)

2. ① O(cơ) ② O(quy) ③ X(dơ)
④ X(đu) ⑤ O(nhe) ⑥ X(giô)

⑦ X(nga) ⑧ O(to) ⑨ X(thư)
⑩ X(khe) ⑪ O(phi) ⑫ X(chô)

3. ① cô ② thơ ③ gư
④ thuê ⑤ bia ⑥ truyên
⑦ qua ⑧ ngưa ⑨ nhân

발음 연습 (26p)

2. ① O(tim) ② O(khap) ③ X(thanh)
④ O(nhanh) ⑤ O(kiên) ⑥ X(tuôc)
⑦ O(nươc) ⑧ X(công) ⑨ O(bưc)
⑩ X(ngưng) ⑪ X(tach) ⑫ O(bac)

3. ① cach ② minh ③ vung
④ mang ⑤ bot ⑥ tuc
⑦ không ⑧ chanh ⑨ uông

발음 연습 (31p)

2. ① má ② mà ③ ma
④ mã ⑤ mả ⑥ mạ
⑦ ma ⑧ mạ

3. ① học ② uống ③ sách
④ gặp ⑤ chị ⑥ sẽ
⑦ bà ⑧ hỏi ⑨ nói
⑩ ngủ ⑪ nằm ⑫ đẹp
⑬ bán ⑭ hiểu ⑮ xuống

인칭 연습 (35p)

1. ① em - chị
② cháu – chú
③ cháu – bà
④ em – anh
⑤ em – anh
⑥ em - cô

2. ① chúng tôi

   ② chúng ta

   ③ chúng ta

   ④ chúng em

숫자 연습 (38p)

1. ① một / hai / ba / bốn / năm

   ② sáu / bảy / tám / chín / mười

   ③ mười lăm / mười chín / hai mươi mốt / hai mươi lăm

   ④ năm mươi lăm / sáu mươi mốt / tám mươi ba / chín mươi bảy

   ⑤ một trăm / hai trăm / năm trăm / bảy trăm năm mươi

   ⑥ một nghìn / năm nghìn / tám nghìn

   ⑦ mười nghìn / năm mươi nghìn / bảy mươi lăm nghìn

   ⑧ một trăm nghìn / hai trăm nghìn / bảy trăm năm mươi nghìn

숫자 연습 (39p)

2. ① 13 / 17 / 26

   ② 53 / 71 / 95

   ③ 210 / 435

   ④ 731 / 642

   ⑤ 2000 / 35000

   ⑥ 110000 / 555000

2과
듣기 연습

1. a. anh   b. tên   c. gì   d. vui

   e. gặp   f. phải   g. kia   h. hay

2. A: Xin chào, là

   B: Xin chào, là, Còn

   A: là, vui, anh

   B: cũng, vui, chị, là, phải

3. A: quá

   B: Vâng

   A: là, à

   B: Phải, là

   A: quá

4. a. ○ (Tôi tên là Minsu.)

   b. ✕ (Anh tên là gì? 오빠/형 이름이 뭐예요?)

   c. ○ (Rất vui được gặp.)

   d. ○ (Anh là du học sinh phải không?)

5. 정답 ⓑ

   Chị tên là gì? 언니/누나 이름이 뭐예요?

   ⓐ 네.

   ⓑ 내 이름은 란이에요.

   ⓒ 안녕하세요.

   ⓓ 너무 재밌네요!

6. 정답 ⓑ

   남: Xin chào. Rất vui được gặp chị.

   여: Xin chào. Rất vui được gặp anh. Anh tên là gì?

   남: Tôi tên là Cheol-su. Chị là người Việt Nam phải không?

   여: Vâng. Tôi là người Việt Nam. Còn anh?

   남: Tôi là người Hàn Quốc. Quảng trường Ba Đình rộng quá!

   남: 안녕하세요. 만나서 반갑습니다.

   여: 안녕하세요. 만나서 반갑습니다. 오빠 이름이 뭐예요?

   남: 내 이름은 철수예요. 누나는 베트남 사람이 맞습니까?

   여: 네. 나는 베트남 사람이에요. 그러는 오빠는요?

   남: 나는 한국 사람이에요. 바딩 광장이 매우 넓어요!

쓰기 연습

1. a. Tôi là Lan. 나는 란입니다.

   b. Rất vui được gặp. 만나서 반가워요.

   c. Anh tên là gì? 오빠/형 이름이 뭐예요?

   d. Quảng trường Ba Đình rộng quá! 바딩 광장이 매우 넓어요!

2. a. Tôi không vui. 나는 안 기뻐요.

   b. Tôi không phải là du học sinh. 나는 유학생이 아니에요.

   c. Kia là quảng trường phải không? 저곳은 광장이 맞나요?

3. a. Minh

   b. Vâng(Phải), là

주제 토론 정답

1. Cờ đỏ sao vàng 금성홍기

2. cách mạng 혁명

3. dân tộc 민족

4. CỘNG HÒA XÃ HỘI CHỦ NGHĨA VIỆT NAM
   베트남 사회주의 공화국

5. Đảng cộng sản 공산당

3과

듣기 연습

1. a. ở   b. có   c. bao nhiêu
   d. nhiều   e. sống   f. vân vân
   g. trên   h. cao

2. A: Ở, có
   B: Ở, có
   A: nào, nhất

   B: nhất

3. A: ở đâu
   B: Ở, Ở, có
   A: ở đâu
   B: nhất, ở

4. a. ✕ (Ở Việt Nam không có núi. 베트남에는 산이 없어요.)

   b. ○ (Ở Việt Nam có bao nhiêu vùng?)

   c. ○ (Anh sống ở đâu?)

   d. ○ (Tôi cao nhất.)

5. 정답 ⓒ

   Gia đình bạn có mấy người? 당신의 가족은 몇 명이 있어요?

   ⓐ 북부요.
   ⓑ 나는 베트남에 살아요.
   ⓒ 3명이 있어요.
   ⓓ 사빠는 판씨빵 산에 위치해 있어요.

6. 정답 ⓒ

   여: Chào anh, anh sống ở đâu?
   남: Chào chị. Tôi sống ở Việt Nam. Còn chị?
   여: Tôi sống ở Hàn Quốc. Gia đình anh có mấy người?
   남: Có 3 người. Còn chị? Gia đình chị có mấy người?
   여: Gia đình tôi cũng có 3 người.

   여: 안녕하세요, 오빠 어디 살아요?
   남: 안녕하세요. 나는 베트남에 살아요. 그러는 누나는요?
   여: 나는 한국에 살아요. 오빠의 가족은 몇 명이에요?
   남: 3명이 있어요. 그러는 누나는요? 누나의 가족은 몇 명이 있어요?
   여: 내 가족도 3명이 있어요. (내 가족도 3명이에요.)

쓰기 연습

1. a. Ở Việt Nam có bao nhiêu dân tộc? 베트남에는 몇 개의 민족이 있어요?

b. Dân tộc Kinh nhiều nhất. 낑족이 가장 많아요.

c. Dân tộc thiểu số Việt Nam sống ở đâu? 베트남 소수 민족은 어디에 살아요?

d. Sapa nằm ở đâu? 사빠는 어디에 위치해 있어요?

2. a. Tôi cao nhất.

b. Anh sống ở đâu?

c. Tôi sống ở Hàn Quốc.

3. a. bao nhiêu

b. nào

주제 토론 정답

1. 54 dân tộc 54개 민족

2. dân tộc Kinh 낑족

3. miền núi 산간 지역, vùng sâu 깊은 지역

4. Núi Phan xi pang 판씨빵 산

4과

듣기 연습

1. a. mời   b. lên   c. tại sao

d. giống nhau   e. gọi   f. chai

g. bia   h. thích

2. A: Mời, lên

B: Tại sao, có

A: Người, thích, vì, và

B: và, nhỉ

3. A: Tại sao, bia

B: Vì, thích

A: Nghe nói, thích, Tại sao

B: Vì

4. a. ✕ (Mời ông vào. 들어오십시오.)

b. ○ (Tại sao chị thích bia?)

c. ○ (Người Hàn Quốc và người Việt Nam giống nhau.)

d. ○ (Nghe nói anh ấy thích Việt Nam.)

5. 정답 ⓑ

Tại sao bạn thích tiếng Việt? 왜 당신은 베트남어를 좋아해요?

ⓐ 왜냐하면 베트남 사람은 짝수를 좋아하기 때문이에요.

ⓑ 왜냐하면 베트남어는 재미있기 때문이에요.

ⓒ 왜냐하면 엘리베이터가 없기 때문이에요.

ⓓ 베트남 사람은 한국을 좋아해요.

6. 정답 ⓑ

남: Mời chị lên thang máy.

여: Cảm ơn anh.

남: Chị học tiếng Việt, phải không?

여: Vâng. Tôi rất thích tiếng Việt.

남: Tại sao?

여: Vì tôi thích Việt Nam.

남: Nghe nói phát âm tiếng Hàn và tiếng Việt giống nhau.

여: Đúng rồi.

남: 엘리베이터에 타세요.

여: 고마워요.

남: 누나는 베트남어 배우시죠?

여: 네. 나는 베트남어를 매우 좋아해요.

남: 왜요?

여: 왜냐하면 나는 베트남을 좋아하기 때문이에요.

남: 듣기로 한국어 발음과 베트남어 발음이 서로 비슷하대요.

여: 맞아요.

쓰기 연습

1. a. Mời ông lên. 타세요. / 올라오세요.

   b. Hàn Quốc và Việt Nam giống nhau nhỉ. 한국과 베트남은 서로 같지 않니.

   c. Tại sao chị học tiếng Việt? 언니/누나는 왜 베트남어를 공부해요?

   d. Người Việt Nam đẹp quá nhỉ! 베트남 사람은 너무 예쁘지 않나요!

2. a. Tại sao anh không có bạn gái?

   b. Vì tôi muốn làm việc.

   c. Nghe nói phở ngon.

3. a. Mời

   b. Tại sao

주제 토론 정답

1. Người Việt Nam thích số 9. 베트남 사람은 숫자 9를 좋아해요.

   Vì số 9 có nghĩa tốt. 왜냐하면 9의 의미가 좋기 때문이에요.

2. Người Việt Nam không thích số 4. 베트남 사람은 4를 안 좋아해요.

   Vì số 4 có nghĩa xấu. 왜냐하면 4의 의미가 나쁘기 때문이에요.

3. Người Việt Nam thường gọi 'tư' thay vì 'bốn'. (thay vì~:~대신에) 베트남 사람은 보통 'bốn' 대신에 'tư'라고 불러요.

4. Người Việt Nam thích số chẵn hơn số lẻ. 베트남 사람은 홀수보다 짝수를 더 좋아해요.

5과

듣기 연습

1. a. đến   b. chúc mừng   c. khi nào

   d. nghỉ   e. làm   f. gia đình

   g. nhưng   h. đi chơi

2. A: sắp, Chúc mừng

   B: khi nào

   A: Ngày, tháng, nghỉ

   B: làm

   A: về quê, hay, gia đình

3. A: ngày

   B: Ngày, tháng, Nhưng, nghỉ

   A: Thế thì, làm

   B: đi chơi, hoặc

4. a. ✕ (Tết sắp đến rồi. 설날이 곧 다가와요.)

   b. ○ (Sinh nhật tôi là ngày 28 tháng 12.)

   c. ✕ (Tết Việt Nam là khi nào? 베트남 설날이 언제예요?)

   d. ○ (Tôi thường đi chơi với gia đình.)

5. 정답 ⓐ

   Sinh nhật của bạn là khi nào? 당신의 생일은 언제예요?

   ⓐ 4월 3일이요.

   ⓑ 설날이 곧 다가와요.

   ⓒ 나는 보통 설날빵을 먹어요.

   ⓓ 나는 일하지 않아요.

6. 정답 ⓒ

   남: Cuối tuần chị thường làm gì?

   여: Cuối tuần tôi thường đi chơi hoặc nghỉ.

   남: Chị thường đi chơi ở đâu?

   여: Tôi thường đi chơi ở quê.

   남: Quê chị ở đâu?

   여: Quê tôi là thành phố Đà Lạt.

남: Chị thường đi chơi với ai?

여: Tôi thường đi chơi với gia đình.

남: 주말에 누나는 보통 뭐 해요?

여: 주말에 나는 보통 놀러 가거나 쉬어요.

남: 보통 어디로 놀러 가요?

여: 보통 고향으로 놀러 가요.

남: 누나의 고향은 어디에 있어요?

여: 내 고향은 달랏 시예요.

남: 보통 누구랑 놀러 가요?

여: 나는 보통 가족과 함께 놀러 가요.

쓰기 연습

1. a. Tết sắp đến. 설날이 곧 다가와요.

   b. Khi nào là sinh nhật của em? / Sinh nhật của em là khi nào? 언제가 동생의 생일이에요?

   c. Người Việt Nam luôn luôn về quê. 베트남 사람은 항상 고향에 돌아가요.

   d. Tôi hát hoặc nhảy. 나는 노래하거나 춤춰요.

2. a. ngày 3 tháng 4 năm 2019

   b. ngày 4 tháng 12 năm 2017

   c. ngày 4 tháng 1 năm 1987

3. a. Bao giờ anh đi chơi? / Khi nào anh đi chơi?

   b. Anh nghỉ bao giờ? / Anh nghỉ khi nào?

   c. Bao giờ chị mua bánh? / Khi nào chị mua bánh?

주제 토론 정답

1. Tết / Tết Nguyên Đán

2. bánh chưng

3. Người Việt Nam về quê hay làm bánh chưng với gia đình. 베트남 사람은 고향에 가거나 가족과 함께 설날빵을 만들어요.

4. Chúc mừng năm mới

5. ngày 15 tháng 8 theo âm lịch 음력 8월 15일

6. Người Việt Nam thường đi chơi với con cái hoặc ăn bánh Trung Thu. 베트남 사람은 보통 아이와 놀러 가거나 월병을 먹어요.

6과
듣기 연습

1. a. gọi món   b. chờ   c. ngon

   d. thêm   e. và   f. mang về

   g. tính tiền   h. tất cả

2. A: gọi, chưa

   B: Chưa, Cho tôi, Cho tôi, và, bia

   A: chờ, phút

   B: ơi, gì

3. A: ngon, Cho tôi, Và, sẽ, nữa

   B: vâng

   A: ơi, nhé

   B: chưa

   A: Rồi

   B: tất cả

   A: Tiền

4. a. O (Cho tôi menu)

   b. O (Tính tiền nhé!)

   c. X (Tôi sẽ không mang về. 나는 안 가져갈 거예요.)

   d. O (Tiền đây ạ)

5. 정답 ⓒ

   Bạn ăn xong chưa? 다 드셨어요?

   ⓐ 돈 여기 있어요.

   ⓑ 이것은 생선 소스예요.

   ⓒ 네. (완료)

   ⓓ 이거 더 주세요.

6. 정답 ©

남: Chị gọi món chưa?

여: Chưa. Um... Nghe nói phở của quán này rất ngon. Cho tôi 1 bát phở và 1 chai bia.

남: Dạ, chị chờ một lát nhé!

(một lát sau)

남: Đây ạ.

여: Cảm ơn em.

(một lát sau)

여: Em ơi! Tính tiền nhé!

남: Dạ, tất cả là 150.000 đồng.

여: Ok, tiền đây.

남: 주문하셨어요?

여: 아직이요. 음… 듣기로 이 가게의 쌀국수가 매우 맛있다고 하던데. 쌀국수 한 그릇과 맥주 1병 주세요.

남: 잠시 기다려 주세요!

(잠시 후)

여: 저기요! 계산이요!

남: 전부 15만 동입니다.

여: 네, 돈 여기 있어요.

쓰기 연습

1. a. Cho tôi thêm cái này. 이거 추가해 주세요.

b. Tôi sẽ mang về. 나는 테이크아웃 할 거예요.

c. Anh ấy đã ăn 2 bát phở rồi. 그 오빠/형은 쌀국수 2그릇을 먹었어요.

d. Tiền đây ạ. 돈 여기 있어요.

2. a. Anh (đã) gọi món chưa?

b. Tôi chưa kết hôn.

c. Tôi (đã) học xong rồi.

3. a. Bao nhiêu tiền?

b. Tôi (đã) ăn xong rồi.

주제 토론 정답

1. Cho tôi 1 bát phở.

2. Tôi sẽ mang về.

3. Tính tiền nhé!

4. Tôi thích bún chả nhất trong món ăn Việt Nam. Bún chả là món ăn với bún, chả thịt lợn nướng và nước mắm. 나는 베트남 음식 중에서 분짜를 가장 좋아해요. 분짜는 분, 돼지고기 완자, 생선 소스를 함께 곁들여 먹는 음식이에요.

7과

듣기 연습

1. a. trời   b. đắt   c. giảm giá

d. một chút   e. rẻ   f. thử

g. đổi   h. trở lại

2. A: bao nhiêu

B: cái

A: Trời, Đắt, giảm giá, được

B: được, Rẻ, mà, đúng

A: mặc, được

B: chứ, mặc, đi

3. A: lấy, có thể, bằng, được

B: được, chỉ, thôi

A: đổi, gần đây

B: có, có, ở, có thể

A: trở lại

4. a. ○ (Tôi mặc thử được không?)

b. ✕ (Rẻ quá mà! 너무 싼데요!)

c. ○ (Mặc thử đi!)

d. ✕ (Được chứ! 당연히 되죠!)

5. 정답 ⓒ

1 cái bao nhiêu tiền? 한 개에 얼마예요?

ⓐ 없어요.

ⓑ 너무 싸요!

ⓒ 1개에 5만 5천 동이에요.

ⓓ 안 돼요.

6. 정답 ⓓ

남: Chị ơi! Cái này bao nhiêu tiền?

여: 400.000 đồng.

남: Ôi! Đắt quá!

여: Không đắt mà! Anh mặc thử đi!

남: Chị có thể giảm giá một chút được không?

여: Anh muốn bao nhiêu?

남: 350.000 đồng được không?

여: Nhưng tôi không nhận thẻ nhé!

남: Vâng. Tôi sẽ thanh toán bằng tiền mặt.

여: Ok.

남: 저기요! 이거 얼마예요?

여: 40만 동이에요.

남: 오! 너무 비싸요!

여: 안 비싼데요! 한번 입어 봐요!

남: 좀 깎아 줄 수 있어요?

여: 얼마를 원해요?

남: 35만 동 되나요?

여: 하지만 나는 카드는 안 받을 거예요!

남: 네. 현금으로 계산할 거예요.

여: 알겠어요.

쓰기 연습

1. a. Chị có thể đeo được. 언니/누나는 착용해 볼 수 있어요.

b. Tôi không thể mặc được. 나는 입어 볼 수 없어요.

c. Tôi mua nhiều mà. 나는 많이 사잖아요.

d. Tôi ăn bằng nĩa. 나는 포크로 먹어요.

2. a. Chúng ta đi mua sắm đi!

b. Tôi mặc thử được không? / Tôi có thể mặc thử không? / Tôi có thể mặc thử được không?

c. Chúng tôi bán cái này chứ.

3. a. tiền

b. mà

주제 토론 정답

1. Cái này bao nhiêu tiền?

2. Giảm giá một chút được không?

3. cà phê 커피, rượu vang 와인

4. mỹ phẩm 화장품, rong biển 김, nhân sâm 인삼

5. tiệm đổi tiền 환전소, tiệm vàng 금은방, ngân hàng 은행, sân bay 공항

8과

듣기 연습

1. a. xe máy　　b. nhanh　　c. chậm

d. bất tiện　　e. mở　　f. giúp

g. khách sạn　　h. xuống

2. A: đã, bao giờ chưa

B: Chưa

A: giống, xe máy, rẻ, nhanh, đã, bao giờ chưa

B: Rồi, đi, rồi

A: Theo, và, xe máy

B: Đúng, Nhưng, hay

3. A: đến, giúp

A: Từ, đến, bao lâu

B: tiếng, Nhưng, bị tắc đường, tiếng

B: ghé, trước, Xuống

4. a.   ○ (Xích lô vừa chậm vừa bất tiện.)

   b.   ✕ (Tắc xi và xe máy giống nhau. 택시와 오토바이
는 서로 같아요.)

   c.   ○ (Mất khoảng 1 tiếng.)

   d.   ○ (Xuống đây nhé.)

5. 정답 ⓑ

Bạn đã đi xe máy bao giờ chưa? 오토바이 타 본 적 있
어요?

ⓐ 2시간이요.

ⓑ 아직이요.

ⓒ 호텔에 데려다 주세요.

ⓓ 맞습니다.

6. 정답 ⓑ

남: Chị đã đi xích lô bao giờ chưa?

여: Chưa. Nhưng tôi muốn đi xích lô một lần.

남: Xích lô rất hay.

여: Thế à? À từ đây đến khách sạn có gần
không?

남: Cũng gần.

여: Mất khoảng bao lâu?

남: Nhưng bây giờ bị tắc đường nên sẽ mất
khoảng 1 tiếng.

여: Lâu quá!

남: 씨클로 타 본 적 있어요?

여: 아직이요. 하지만 한번 씨클로를 타 보고 싶어요.

남: 씨클로는 매우 재미있어요.

여: 그래요? 여기서부터 호텔까지 가까워요?

남: 가까운 편이죠.

여: 대략 얼마나 걸려요?

남: 그런데 지금 교통 체증에 걸려서 1시간 정도 걸릴 거
예요.

여: 너무 오래 걸리네요!

쓰기 연습

1. a.   Tàu điện ngầm vừa rẻ vừa tiện. 지하철은 싸면서 편
리해요.

   b.   Anh đi thẳng giúp tôi. 오빠/형은 직진해 주세요.

   c.   Tôi đặt vé trước. 나는 먼저 표를 예약해요.

   d.   Máy bay tiện hơn. 비행기가 더 편리해요.

2. a.   Anh đã lên thuyền bao giờ chưa? / Anh đã lên
thuyền lần nào chưa?

   b.   Xe nằm thoải mái hơn.

   c.   Anh rẽ trái giúp tôi.

3. a.   bao giờ chưa

   b.   mất bao lâu

주제 토론 정답

1. xe máy 오토바이

2. taxi xe máy 오토바이 택시

3. Xích lô là một phương tiện giao thông sử dụng
sức người. 씨클로는 사람의 힘을 사용하는 한 교통수단입
니다.

4. Mất bao lâu?

5. mũ bảo hiểm 헬멧

6. Tôi chưa bao giờ lên xích lô nên muốn lên xích lô
nhất. 나는 아직 씨클로를 타 본 적이 없어서 씨클로가 가장
타고 싶어요.

9과

듣기 연습

1. a. du lịch b. thành phố c. mùa
   d. hôm nay e. nóng f. không sao
   g. đi dạo h. cạnh

2. A: du lịch, nên, tháng
   B: hay
   B: mùa, mưa, thì, tháng, tháng, còn, thì, 5, 10
   A: phải, mùa mưa

3. A: Thời tiết, thế nào
   B: Trời, ẩm, nóng
   A: ẩm
   B: vậy, miền Bắc, hồ, mà
   A: Dù, nhưng, thư giãn, đi dạo

4. a. ✗ (Tôi muốn đi du lịch ở miền Nam Việt Nam.
      나는 베트남 남부에 여행 가고 싶어요.)
   b. ○ (Miền Nam Việt Nam có mùa khô.)
   c. ○ (Trời hôm nay không những ẩm mà còn
      nóng.)
   d. ✗ (Miền Bắc Việt Nam có núi. 베트남 북부에는
      산이 있어요.)

5. 정답 ⓒ
   Bạn thích mùa khô hay mùa mưa? 당신은 건기를 좋아
   해요, 우기를 좋아해요?
   ⓐ 오늘 날씨는 더워요.
   ⓑ 나는 호수를 좋아하지 않아요.
   ⓒ 나는 우기보다 건기를 더 좋아해요.
   ⓓ 4월부터 10월까지요.

6. 정답 ⓐ
   남: Ôi! Trời hôm nay cũng nóng quá!
   여: Dù mùa mưa nhưng vẫn nóng. Anh sẽ ở
      thành phố Hồ Chí Minh đến tháng mấy?

남: Chắc tháng 3. Tháng 3 tôi sẽ đi Hà Nội. Tôi
   chưa bao giờ đi Hà Nội nhưng nghe nói ở
   Hà Nội có nhiều hồ.
여: Thế à?
남: Vâng. Tôi sẽ đi dạo ở cạnh hồ.
여: Nghe nói từ tháng 3 đến 4 Hà Nội rất ẩm.
남: Không sao. Tôi thích ẩm hơn nóng.

남: 아! 오늘 날씨도 너무 더워요!
여: 우기인데도 여전히 더워요. 오빠는 호찌민 시에 몇 월까
   지 계세요?
남: 아마 3월이요. 3월에 나는 하노이에 갈 거예요.
   나는 하노이에 가 본 적이 없는데 듣기로 하노이에는 많
   은 호수가 있대요.
여: 그래요?
남: 네. 나는 호수 옆에서 산책할 거예요.
여: 듣기로 3월부터 4월까지 하노이는 매우 습하대요.
남: 괜찮아요. 나는 더운 것보다 습한 게 좋아요.

쓰기 연습

1. a. Chị nên mặc áo mưa. 언니/누나는 우비를 입는 게 좋
      겠다.
   b. Dự báo thời tiết thế nào? 일기 예보가 어때요?
   c. Mùa xuân thì ấm áp còn mùa thu thì mát mẻ.
      봄은 따뜻하고 가을은 시원해요.
   d. Dù mùa đông lạnh nhưng tuyết đẹp. 비록 겨울은
      춥지만 눈이 예뻐요.

2. a. nhưng → mà còn
   b. mà còn → nhưng
   c. không → 삭제

3. a. hay
   b. đi dạo

1. Miền Bắc có 4 mùa; mùa xuân, mùa hạ, mùa thu và mùa đông. 북부에 4계절이 있어요. 봄, 여름, 가을 그리고 겨울이요.

2. Miền Nam có 2 mùa; mùa mưa và mùa khô. 남부에 2계절이 있어요. 우기와 건기요.

3. Vì Việt Nam dài. 베트남이 길기 때문이에요.

4. Tôi muốn đi du lịch ở Hà Nội. Vì Hà Nội là thủ đô và là trung tâm chính trị văn hóa của Việt Nam. 나는 하노이에 여행 가고 싶어요. 왜냐하면 하노이는 베트남의 수도이고 문화 정치 중심지이기 때문이에요.

5. Người miền Bắc và người miền Trung thì cần cù chịu khó. Còn người miền Nam thì có lối sống cởi mở phóng khoáng. 북부 사람과 중부 사람은 근면하고 열심히 노력합니다. 그리고 남부 사람은 개방적이고 열린 삶의 방식을 갖고 있습니다.

10과

듣기 연습

1. a. đến thăm   b. ai   c. hoa quả

   d. màu đỏ   e. lo   f. văn hóa

   g. lần sau   h. cẩn thận

2. A: Cuối tuần, đến thăm

   B: Ai

   A: đồng nghiệp

   B: mua, chưa, đến thăm, có, mới, lịch sự

   A: mua, gì

   B: nào, cũng, hoa quả, hoa, thì, nhất, Vì, nghĩ, may mắn

3. A: lo

   B: chuyện

   A: trong, khi, với, văn hóa, nên, nói về, chính trị

   B: không nên, hay

   A: vừa mới, chắc, cẩn thận

4. a. ○ (Ai lo?)

   b. ○ (Người nào cũng được.)

   c. ✗ (Tôi nói chuyện với người Việt Nam. 나는 베트남 사람과 대화해요.)

   d. ○ (Tôi vừa mới đến thăm.)

5. 정답 ⓓ

   Ai vừa mới đến thăm? 누가 방금 방문했어요?

   ⓐ 나는 전쟁에 대해 얘기하는 중에 주의해야만 한다.

   ⓑ 나는 방금 베트남 정치에 대해 알았다.

   ⓒ 어느 과일이든지 돼요.

   ⓓ 한 예전 동료요.

6. 정답 ⓒ

   남: Cuối tuần chị sẽ làm gì?

   여: Tôi cũng chưa biết nữa.

   남: Thế, chị đến thăm nhà bạn tôi với tôi được không?

   여: Bạn anh là ai vậy?

   남: Một bạn người Việt Nam.

   여: Tốt. Tôi rất muốn làm quen với người Việt Nam. Anh sẽ mua quà gì?

   남: Tôi sẽ mua hoa màu đỏ.

   여: Tại sao màu đỏ vậy?

   남: Vì người Việt Nam thích màu đỏ.

   여: Thế thì tôi sẽ mua quà có bao bì màu đỏ.

   남: 주말에 누나는 뭐 할 거예요?

   여: 나도 아직 몰라요.

   남: 그러면 나와 함께 내 친구 집에 방문할 수 있어요?

   여: 오빠 친구가 누군데요?

   남: 한 베트남 사람 친구요.

여: 좋아요. 나는 베트남 사람과 매우 사귀고 싶어요. 오빠
는 무슨 선물을 살 거예요?
남: 나는 빨간색 꽃을 살 거예요.
여: 왜 빨간색이죠?
남: 왜냐하면 베트남 사람은 빨간색을 좋아하기 때문이에요.
여: 그러면 나는 빨간색 포장지가 있는 선물을 살래요.

쓰기 연습

1. a. Quà nào cũng được. 어느 선물이든지 된다.
   b. Người nào cũng thân thiện. 어느 사람이든지 친절
      하다.
   c. Tôi lỡ miệng trong khi nói chuyện. / Trong khi
      nói chuyện, tôi lỡ miệng. 나는 대화 중에 말실수한다.
   d. Anh không nên nói về lịch sử. 오빠/형은 역사에
      대해 말해서는 안 된다.

2. a. Tôi mới biết (rồi). / Tôi vừa biết (rồi). /
      Tôi vừa mới biết (rồi).
   b. Chúng tôi mới chia tay (rồi). / Chúng tôi vừa
      chia tay (rồi). / Chúng tôi vừa mới chia tay (rồi).
   c. Anh yêu ai?

3. a. ai
   b. Trong khi

주제 토론 정답

1. Khi nói chuyện với người Việt Nam, bạn không
   nên nói về chính trị hay chiến tranh Việt Nam.
   베트남 사람과 대화할 때, 당신은 베트남 정치나 전쟁에 대해
   말하지 않는 것이 좋아요.

2. Tôi sẽ tặng hoa hay hoa quả. 나는 꽃이나 과일을 줄 거
   예요.

3. Người Việt Nam thích màu đỏ. 베트남 사람은 빨간색을
   좋아해요.

4. Một hai ba dô! / Cạn ly!

5. Chúc sức khỏe!

Memo

Memo

가장 쉬운 독학
베트남어 현지회화